Cubierta y diseño editorial: Éride, Diseño Gráfico
Dirección editorial: Ángel Jiménez

Primera edición: abril, 2026

La leyenda del lugar inexistente
Postales y patrañas del Parnaso
© José Luis Gracia Mosteo
© éride ediciones, 2026
Espronceda, 5
28003 Madrid

éride ediciones

ISBN: 979-13-87643-80-5
Depósito Legal: M-5264-2026
Diseño y preimpresión: Éride, Diseño Gráfico

 Este libro protege el entorno

La leyenda del lugar inexistente

Postales y patrañas del Parnaso

Accésit Premio Creadores
C. de Teruel 2023

José Luis Gracia Mosteo. Calatorao (Zaragoza), 1957. Licenciado en Filosofía y Letras, Máster en Escritura creativa. Ha publicado los poemarios *La Balada del Valle Verde* (2004; reed. 2008); *Blues de los Bajos Fondos* (2009; reed. 2012), *Romancero negro* (2017), *La pierna ortopédica de Rimbaud* (2018) y *Campos de Aragón* (2024.) Igualmente, las novelas *La Saga de los Pirineos* (1999; reed. 2009); *La Dama Cautiva de Jaca* (2000, reed. 2006); *El asesino de Zaragoza* (2001); *El rock de la dulce Jane* (2005; reed. año 2006) y *El infierno* (2008). Asimismo, el libro de relatos *El pintor de Fantasmas* (2004) y los ensayos sobre literatura *El monstruo del espejo* (2006), *Treinta motivos para reencarnarse en mosquito* (2012) y *¿Sueñan los poetas con versos eléctricos?* (2021.) Reside en Madrid.

JOSÉ LUIS GRACIA MOSTEO

La leyenda del lugar inexistente

Postales y patrañas del Parnaso

éride ediciones

A Manolita Hernández Sánchez,
la mujer más bella de Madrid.

ÍNDICE

PRESENTACIÓN

Debió de ser a consecuencia de caerme de un árbol mientras ayudaba a mi familia en la cosecha, pero lo cierto es que me desmayé unos instantes y atisbé un paraíso extraño que me obsesioné con encontrar cuando recuperé la consciencia. Así comenzó una búsqueda que duró décadas y que fue premiada con un coro de fantasmas cuando la concluí, ya cumplido el medio siglo. ¿Esto es el paraíso?, me asombré. Y es que en ese lugar todos eran poetas y novelistas, tipos que ignoraban que habían muerto o estaban cerca de darse de baja. Debió de ser a consecuencia de caerme de un árbol, pero lo cierto es que atisbé un cielo extraño, en el que sus agraciados hacían el ridículo eternamente, o eran admirados a ratos; un paraíso antes llamado Parnaso, que yo preferí llamar Paraguas, pues se abre y cierra intermitentemente; un asilo de almas donde viven después de vivir los escritores; una buhardilla en la que a menudo se cuelan caraduras y cantamañanas; un andurrial desde el que pergeñé este puñado de postales donde se mezclan inevitablemente la admiración con la risa.

PRÓLOGO

Un quidam caporal italiano,
de patria perusino, a lo que entiendo,
de ingenio griego y de valor romano,
llevado de un capricho reverendo,
le vino en voluntad de ir al Parnaso,
por huir de la Corte el vario estruendo.
Solo y a pie partióse, y paso a paso
llegó donde compró una mula antigua,
de color parda y tartamudo paso. (…)
En fin, sobre ella el poetón valiente
llegó al Parnaso, y fue del rubio Apolo
agasajado con serena frente.
Contó, cuando volvió el poeta solo
y sin blanca a su patria, lo que en vuelo
llevó la fama deste al otro polo.
Yo, que siempre trabajo y me desvelo
por parecer que tengo de poeta
la gracia que no quiso darme el cielo,
quisiera despachar a la estafeta
mi alma, o por los aires, y ponella.

Viaje del Parnaso, Miguel de Cervantes

LOS FANTASMAS DEL PARAÍSO

*«…En la dura noche cerrada / o en la húmeda
mañana tierna, / sea invierno, sea verano, / esté
dormida, esté despierta. // Aquí estoy si acaso me
ven, / y lo mismo si no me vieran, / queriendo que
abra aquel umbral / y me conozca aquella
puerta…».*

Gabriela Mistral

Los fantasmas del paraíso no se esconden
en castillos ni casonas, sino en los agujeros
de gusano del papel. Los fantasmas
del paraíso cobran vida al presentirnos
o cuando escuchar que se habla de ellos.

1. El fantasma de Borges

Al entrar en el paraíso, el visitante descubre que se parece un poco a una biblioteca, no en vano un cartel le recibe recordando las palabras de Borges: «Yo, que me figuraba el paraíso bajo la especie de una biblioteca», cantadas en el *Poema de los dones* y ratificadas con: «No concibo que se escriba sin pasión», que le dijo al periodista Antonio Carrizo, lo cual conlleva el desdén por los que escriben para ser famosos, por dinero, o por motivos espurios como ligar (una tontería, pues hay cien sitios mejores), o ser inmortal (otra, pues solo lo consigue uno entre un millón.) Al entrar en el paraíso, Borges nos recuerda que se debe escribir y vivir con pasión, algo que acontece cuando el escritor se sienta ante el teclado con el entusiasmo del futbolista que no espera llegar a Primera División, pero corre que se las pela; el pintor que sabe que sus cuadros no acabarán en el museo, pero pinta días enteros, o el enamorado que sabe que nunca será correspondido, pero sigue amando. Al entrar en el paraíso, Borges nos recuerda que la manera más sencilla de detectar al que escribe y vive con pasión es ver a quién no le importa esperar años para ver publicado su manuscrito, pues prefiere corregir y corregir, o esperar a tener entre los brazos a la persona a la que ama, pues no le importa que no la consiga. Al entrar en el paraíso disfrazado de biblioteca, el visitante se acuerda de Gustave Flaubert que reescribió su novela *Salambó* ocho veces, o del mismo Borges que corregía sus cuentos hasta la extenuación: «No habré sido un filólogo», escribió, «no habré inquirido las declinaciones, los modos, la laboriosa mutación de las letras, / la D que se endurece en T, / la equivalencia de la G y de la K, / pero a lo largo de los años / he profesado la pasión del lenguaje». Al entrar en la biblioteca del paraíso algunos se acuerdan de cuando conocieron a Borges allá por 1985, un año antes de morir. Fue cuando presentó *Los conjurados* en el Parque de El Retiro de Madrid. Estaba allí TVE y grabó la, por una vez, alegre espera de los lectores, de modo que esa noche el Telediario de la 1ª cadena los sacó junto a otros 333 (solo firmó ese número de libros) esperantes. Al entrar en la biblioteca del paraíso algunos recuerdan cuando les tocó pasar a la carpa donde estaba el escritor, pues Borges les regaló una sonrisa obsequiosa y humilde, tras charlar unos minutos y hablar de Stevenson, Chesterton y Mallarmé. Después, hablaron de *Ficciones, El Aleph* o *El hacedor*…; sonrió y consiguió convencerlos de que le estaban haciendo un favor por pedirle que les firmara su libro. Al entrar en la biblioteca del paraíso muchos desconocen que Borges amaba a Pink Floyd y que le pidió a su secretaria y futura esposa María Kodama (no Elsa Astete, aquella mujer con la que se desposó a los 68 años y a la que su gran amigo Bioy Casares definió como «Vieja, de piel grisácea; en actitud de sierva enamorada, postrada de admiración ante el ídolo potencialmente díscolo […]; resuelta a rodear al hombre de cuidados domésticos y a persuadirlo de los encantos hogareños; proclive a tomar ofensa y a ofuscarse por celos; desconfiada; querendona, cariñosa y optimista; expresiva y dada al mohín», pero de la que se divorció tres años después porque: «Se inmiscuye en todos mis asuntos particulares y ha tentado (sic) que las secretarias de la Biblioteca Nacional espíen mi correspondencia, mis llamadas telefónicas y mis visitas», aparte de que: «No ha mostrado el menor interés en mi obra literaria, pero sí en los resultados pecuniarios»), pidió a su secretaria y futura mujer María Kodama, decíamos, que cuando fuera su cumpleaños, no le cantaran ni pusieran la canción de *Happy birthday*, sino *The Wall*, pues le afinaba el oído, según su opinión. Y es que, humildísimo y pendiente de su tiempo, su pasión por conocer era inagotable, algo que confirmó María, ya viuda, en Madrid, certificando que «tenía una curiosidad insaciable». Había ido a la librería Centro de Arte Moderno a presentar *La hermana de Eloísa y Los Rivero*, dos obras de Borges que presentó Marcos Ricardo Barnatán. «El tiempo es un tigre que me devora, pero yo soy ese tigre», había escrito. Tal vez antes de morir recordó su *Cuarteta de Almotásim el Magrebí*, un poeta del siglo XII que se inventó y que decía: «Murieron otros, pero ello aconteció en el pasado, / que es la estación (nadie lo ignora) más propicia a la muerte. / ¿Es posible que yo, súbdito de Yakub Almansur, muera / como tuvieron que morir las rosas y Aristóteles?». Y es que María intuía que su querido Borges sería enterrado en la lengua. Sería como Cervantes, Shakespeare y Dante: una palabra, un adjetivo, como homérico, dantesco, o cervantino. Sería borgiano, algo con lo que juega él en algunos relatos y poemas, cuando deja de serlo para ser otros. Al entrar en la biblioteca del paraíso, el tiempo se suspende y los fantasmas de los escritores que la habitan acuden a oír lo que decimos pues escribieron con pasión, no en vano la lectura de su libros se convierte cada día en su resurrección.

2. El duende de A. González

El segundo escritor con el que se puede tropezar en la biblioteca del paraíso, se atrevió a escribir un día la historia de todos en solo un poema: «Para que yo me llame Ángel González, / para que mi ser pese sobre el suelo, / fue necesario un ancho espacio / y un largo tiempo: / hombres de todo el mar y toda tierra, / fértiles vientres de mujer, y cuerpos / y más cuerpos, fundiéndose incesantes / en otro cuerpo nuevo. / Solsticios y equinoccios alumbraron / con su cambiante luz, su vario cielo, / el viaje milenario de mi carne / trepando por los siglos y los huesos…». Es, pues, un escritor borgiano, lo cual nos lleva a recordar lo que escribió el paleoantropólogo Juan Luis Arsuaga cuando afirma que desde el hombre que pintó las Cuevas de Altamira, hace 14 000 años, hasta nosotros, cada ser humano tiene 565 antepasados, algo que nos parece poco, pues el hombre de Altamira no fue el principio y, si calculamos cuántos antepasados tiene cada hombre desde la aparición de los primeros homínidos hace cinco millones de años, resultan doscientos mil cuerpos y más cuerpos fundiéndose incesantes para que yo escriba esto. Pero, insistimos: ¿y antes? Es cuando miramos las estrellas; cuando pensamos en el poema babilónico de la creación *Enuma Elish* donde se intuye que el hombre nació de las aguas: «Cuando en lo alto el cielo no tenía nombre, / ni abajo la tierra tampoco, / solo el dios Apsu y la diosa Tiamat, / madre de todos, / fundían sus aguas», pues Apsu son los ríos, y Tiamat, los mares. Es cuando recordamos el *Génesis* del *Antiguo Testamento* y la *Teogonía de*

Hesíodo; cuando nos decimos que somos polvo de estrellas y que la Historia, sí, cabe en un poema. El segundo escritor con el que tropezamos en la biblioteca de la leyenda, se atrevió a escribir la historia de todos en *Áspero mundo, Palabra sobre palabra* y *Tratado de urbanismo;* es un hombre comprometido, amigo de sus amigos y un tanto ingenuo en su bondad, como lo demuestra la anécdota en que Luis García Montero le pidió un prólogo para su libro, a lo cual respondió que se lo escribiera él mismo, que luego él se lo firmaría, ocasión que le sirvió a Montero para montar en su caballo Autobombo con tal atrevimiento que el bueno de Ángel González exclamó al leerlo: «Este se cree que es Pablo Neruda». Lo mismo que él un Clark Gable íbero. Bien lo demuestra aquella anécdota que él relataba. «En el franquismo yo tenía todo el aspecto de espía falangista con fino bigote. Me lo decía Pepe Esteban; pero lo del bigote ya lo dejé claro en una lectura en la que coincidimos los dos: yo llevaba bigote porque quería parecerme a Clark Gable. Es la verdad. Graciosamente, aquel día estaba Susana en el público, y a su lado había una señora de edad madura que no hacía nada más que darle con el codo y decir: "¡Ya quisiera!" El segundo escritor con el que se puede tropezar en la biblioteca del paraíso era un hombre bueno».

3. El ánima de Coronado

Existe, por el contrario, un fantasma en la biblioteca del paraíso que fue fantasma también en vida; una mujer que nació, murió, resucitó y volvió a morir; una dama que vivió en España entre 1820 y 1911; una mujer a la que, en sus más de noventa años de existencia, la muerte le estrechó entre sus brazos una y otra vez, pero no la aceptó, de modo que le devolvió a la vida y tuvo que ver morir a una de sus hijas a la que se negó a enterrar; a su marido, que tampoco enterró, y a casi todos sus seres queridos. Existe un fantasma en la biblioteca del paraíso que metió a su hija en una urna de cristal, y a su marido lo momificó y dejó en la capilla de casa, donde iba a hablar con él y contarle cómo le iba. Existe un fantasma en la biblioteca de la leyenda que murió cuatro veces, pues se le paró el corazón; sus órganos adquirieron la rigidez de la muerte y un médico certificó su defunción. Existe un fantasma en la biblioteca que fue velado en vida, pudo leer su esquela de defunción en los diarios y padeció ese mal que tanto asombraba a Edgar Allan Poe, que escribió a siete mil kilómetros de distancia varios relatos que parecen glosarla: la catalepsia. Existe un fantasma en la biblioteca del paraíso que solo podía ser poeta. Existe un fantasma que murió hasta cuatro veces aunque tal vez fueran más, nació en Almendralejo, Badajoz, y escribió un poema titulado *A los que lamentaron mi supuesta muerte*, el cual comienza así: «El corazón, amigos, palpitante / como otras veces en mi pecho siento; / mas al oír vuestro piadoso acento, / sobre las nubes me soñé un instante», aparte de otro poema dedicado a Mariano José de Larra, que se acababa de disparar un pistoletazo en la sien, el cual empieza de esta forma: «¿Qué voz, pobre Mariano, / de mofa, de sarcasmo, de amargura, / al que le ofrezco humano / recuerdo de ternura, / darás riendo en tu morada oscura?». Existe un fantasma en la biblioteca que lo despidió así, como podemos ver en su obra *Poesías,* donde recopila su obra poética con prólogo de Hartzenbusch. Existe un fantasma en la biblioteca que fue una mujer fascinante y rara, bella y culta, acaso no un gran poeta, pero sin duda una buena poeta; alguien cuya mejor obra es su propia vida; el ejemplo de que la realidad siempre supera a la ficción. Existe un fantasma en la biblioteca que combatió la violencia machista en su poema *El marido verdugo*, en el que condena los palos y el maltrato psicológico que sufrían muchas mujeres a manos de maridos maltratadores, incapaces de mostrarse comprensivos en casa. Existe un fantasma en la biblioteca del paraíso, al que ignorarlo es hacer que de nuevo muera. Existe un fantasma en la biblioteca del paraíso que se llama Carolina Coronado.

4. El alma en pena de Vilariño

Escondido en un rincón de la biblioteca, se agazapa el fantasma de una mujer que amó con pasión, pero no fue del todo correspondida; amó con desesperación, pero resultó un amor imposible. Escondido en un rincón, un fantasma encarna, aunque mejor sería decir espiritualiza, ese tema recurrente que es el amor imposible. Escondido en un rincón de la biblioteca, se agazapa el fantasma de una mujer que nos hace recordar a Garcilaso de la Vega, que se enamoró fallidamente de Isabel Freire, Mariano José de Larra, que se volvió loco por Dolores Armijo, y Pedro Salinas, que tanto amó a la norteamericana Katherine Whitmore, por no nombrar a más. Escondido en un rincón de la biblioteca, se agazapa el fantasma de una enamorada que tuvo el coraje de identificar el fracaso de su amor. Escondido en la biblioteca, nos encontramos con el fantasma de Idea Vilariño, la mujer que amó con locura y fue amada por Juan Carlos Onetti, quien, por avatares de la vida, encuentros y desencuentros, acabó casándose con Dorotea Muhr. Idea (1920-2009) era una poeta uruguaya que se atrevió a cantar su desesperación mientras su amor perdido se iba a vivir a España con su esposa; alguien que cristalizó su tristeza en un conmovedor poema que le dedicó en el libro *Poemas de amor*; un espíritu penante que gime: «Ya no será / ya no / no viviremos juntos / no criaré a tu hijo / no coseré tu ropa / no te tendré de noche / no te besaré al irme / nunca sabrás quién fui / por qué me amaron otros. / No llegaré a saber / por qué ni cómo nunca / ni si era de verdad / lo que dijiste que era

/ ni quién fuiste / ni qué fui para ti / ni cómo hubiera sido / vivir juntos / querernos / esperarnos / estar. / Ya no soy más que yo / para siempre y tú / ya no serás para mí / más que tú. / Ya no estás / en un día futuro / no sabré dónde vives / con quién / ni si te acuerdas. / No me abrazarás nunca / como esa noche / nunca. / No volveré a tocarte. / No te veré morir». Escondido en la biblioteca del paraíso, encontramos este poema desgarrador; la certeza de a quién dedicó sus últimos pensamientos; la duda de en quién pensaba Onetti cuando las alas negras de la muerte se posaron sobre él. Escondido en un rincón de la biblioteca, se agazapa el fantasma de una mujer que nos recuerda a Armand Duval y Marguerite Gautier de *La dama de las camelias* de Alejandro Dumas (hijo); Werther y Lotte, ya comprometida con Albert, en el *Werther* de Goethe; Romeo y Julieta en la obra del mismo nombre de William Shakespeare; Cyrano de Bergerac y Roxana en la novela de Edmond Rostand; Calisto y Melibea en *La Celestina* de Fernando de Rojas; Darcy y Lizzie en *Orgullo y Prejuicio* de Jane Austen; la muchacha que se enamora de su vecino, en *Carta de una desconocida* de Stefan Zweig; Tomás y Teresa en *La insoportable levedad del ser* de Milan Kundera; o el padre Cayetano y la niña Sierva María en *Del amor y otros demonios* de Gabriel García Márquez. Escondidos en la biblioteca de la leyenda duermen los fantasmas de los amores imposibles, quién no los tuvo. Escondida en la biblioteca, no en su departamento de Anzani 2129 de Montevideo donde vivió con su hermana llamada Poema, pues Idea y Poema eran los nombres de pila puestos por su padre el anarquista Leandro Vilariño, vive una mujer destinada a ser poema.

5. El querubín de Menéndez Pelayo

Hay otros fantasmas en la biblioteca que, en vez de enconderse, se suben en lo alto de los anaqueles y proclaman y declaman. Hay otros fantasmas a los que sus ideas, no siempre sensatas, tornan en campanudos y trompeteros. Hay otros fantasmas como Marcelino Menéndez Pelayo (1856-1912), un gran sabio, polígrafo e investigador, pero no un santo como algunos pretendieron. Hay otros fantasmas como este escritor fanático, intolerante y radical que, junto a grandes aciertos (investigar las secuelas de *La Celestina*, compilar las obras de Lope de Vega, espigar y ahondar en la poesía medieval…), cometió barbaridades. Para empezar, persiguió a los disidentes de la cultura y del catolicismo oficial, como queda claro en su hoy casi divertida *Historia de los heterodoxos españoles*, algo así como la persecución del marcathismo a Dalton Trumbo y los otros diez de Hollywood. Para continuar, engañó a todo el mundo al ganar una fama de íntegro, moral y ejemplar que no se correspondía con su realidad. Para colmo, estuvo a punto de llegar a los altares, pues Franco y el obispado propusieron su canonización e incluso llevaron su cadáver bajo palio a la catedral de Santander para hacerlo santo. Y para traca matraca, predicaba un pensamiento reaccionario (no conservador, lo cual hubiera sido respetable) que encontraba cualquier progreso «demasiado liberal», pues perseguía el mínimo asomo de herejía. En suma, se sentía el paladín de una España inamovible; era un pensador que escribió que: «Sin un poco de fanatismo no se hacen milagros en filosofía ni en ninguna ciencia humana»; era un hombre que escondía sus, eh, sonetos a su prima sevillana Conchita Pintado; era, oh, sorpresa, un aficionado a las mercenarias del amor, según se supo después por sus amigotes; alguien al que le malogró su canonización una mujer ya mayor cuando la iglesia interrogaba a sus allegados y vecinos para llevarlo a los altares, que declaró al instructor eclesiástico que levantaba las actas: «¿Marcelinuco, me pregunta usted? ¡Marcelinuco! ¡Qué rebueno era en la cama!». Hasta don Pelayo se partió de risa en Covadonga. Manda huevos con los beatos, los bibliófilos admirables, los lectores laboriosos y los estirados sabios que viven más para los libros que para sí mismos, como lo prueba aquella ocasión en que, revisando unos libros de *clásicos latinos* de la edición Valpy que había comprado al librero Quaritch de Londres, los acariciaba y admiraba mientras reparaba en que había otros con mala encuadernación. Fue cuando su hermano le avisó que llevaba los zapatos destrozados, rozados los bajos del pantalón y deshilachadas las mangas de la chaqueta, a lo que don Marcelino respondió: «¡Mira con lo que me vienes! Que si me tengo que comprar unos zapatos, que si tengo que hacerme otro traje, que si... ¡Bien, hombre, bien! ¡Y luego, estos libros tan preciosos, sin encuadernar!». Ojalá no hubiera tenido sexo como los ángeles, o gracias a Dios que sí lo tuvo, que si no, igual predica otra cruzada, algo que solo sabrá él en su gloria bibliotecaria pues como dice el refranero popular: «No tiene enmienda la jodienda». Amén.

6. El espectro de Barea

Otros fantasmas languidecen olvidados, pues los cubre «el polvo de un país vecino», como dice la canción de Joan Manuel Serrat sobre Antonio Machado; otros fantasmas caminan en silencio por las estanterías, a pesar de haber firmado libros inolvidables; otros tuvieron que huir cuando acababa la Guerra Civil Española, por lo que descansan en Inglaterra y no pueden pagar el ticket del ferry o el avión para pasar a la leyenda. Es el caso de Arturo Barea (1897-1957), un novelista nacido en Badajoz en una familia muy humilde, la cual emigró a Madrid donde su madre se desollaba las manos, trabajando como lavandera de ropa en el río Manzanares, mientras él estudiaba de caridad. Otros fantasmas aún pagan que se alinearon con el bando republicano en la Guerra Civil, por lo que al terminar la guerra se exiliaron a Inglaterra donde su cuerpo murió tras dieciocho años de alejamiento. Otros fantasmas escribieron obras maestras de la novela española del XX, cual la trilogía *La forja de un rebelde*, compuesta por *La forja, La ruta* y *La llama*, donde cuenta su niñez en Madrid, su juventud en la Guerra de Marruecos y su participación en la Guerra Civil, una novela que ha sido considerada por Gabriel García Márquez una de las diez mejores del siglo XX en lengua castellana y que cualquiera que la lee sin prejuicios sectarios, no puede sino concluir emocionado. Otros fantasmas descansan en tumbas ilegibles cual la de él en el cementerio de Faringdon, un pueblecito del condado de Oxford, que cuando fue localizada por el escritor inglés William Chislett, tras varias búsquedas infructuosas, le llevó a poner el grito en el cielo y pedir su restauración, algo que la embajada española en Londres ignoró en 2012. ¿La causa? Muy caro. 352 libras esterlinas, o sea, 397 euros fue lo que costó devolverle la identidad al escritor, eso costó restaurar la lápida y la tumba, una suma que aportaron William Chislett, Muñoz Molina, Javier Marías, Elvira Lindo, Paul Preston, Gabriel Jackson, Santos Juliá, Nigel Townson (editor), Edwin Williamson (titular de la Cátedra Alfonso XIII de Oxford) y Jeremy Treglown (antiguo editor del suplemento literario de *The Times*.) Otros fantasmas se abaten cubiertos por el desdén, aunque su obra es imposible cubrir. Otros fantasmas siguen departiendo con sus guías en los anaqueles cual aquel Ramón María del Valle-Inclán que le espetó en el Café La Granja de Madrid a Barea: «Usted viene a tomar café —mejor si otro lo paga—, a hablar mal de todos los demás y a mendigar un día una presentación... Pero si lo que usted quiere es aprender a escribir, quédese en su casa y estudie. [...] Usted se imagina que lo estoy insultando, pero se equivoca. No le conozco, pero me merece una opinión mejor que la mayoría de los que están aquí mirándonos como bobos. Y por eso le digo, no venga a estas tertulias [...], de aquí no va a usted a sacar más provecho que, si acaso, un puesto de chupatintas en un periódico y la costumbre de tragarse todos los insultos». Así lo hizo Barea. Grandes los dos. Que el Dios de los descreídos salve a Arturo Barea.

7. El fantoche de Umbral

No todos fantasmas son como el tímido Barea, pues en la biblioteca del paraíso hay también fantasmones cual Francisco Umbral (1932-2007), uno de los grandes prosistas de la segunda mitad del XX; un escritor que realizó hallazgos estilísticos notables, pero también un gran figurín que a veces se tornaba en mamarracho. Se ha dicho que fue un gran prosista, no un gran novelista, pues sus novelas son monotemáticas y persiguen la pirotecnia expresiva, más que levantar una trama sólida y realizar una indagación psicológica de los personajes. Y es que sus novelas son siempre satélites de su yo, de manera que acabado el asombro, el lector se aburre pues el estilo sin más cansa. «Paco Umbral escribe con estilo sonajero: mucho ruido y poca chicha», dijo Juan Marsé. No puede definirse mejor. Umbral era un snob, un columnista brillante y peligroso, un diletante al que le encantaba asombrar a las marquesas y ser el centro de las reuniones. Entonces se le aflojaba el ego y se convertía en un cortesano dispuesto a epatar y ser aplaudido. Lo conocí en el Ateneo de Madrid y descubrí la manera de amansarlo. Cada vez que nos encontrábamos me inventaba un título nobiliario como barón de Oliván, conde de Tarrigüel o señor de Las Lofras..., donde mi familia tenía tierras. Entonces, departíamos y, luego, nos despedíamos como caballeros. Si me acompañaba alguna amiga, le hacía el besamanos. Lo encontré por última vez en el Premio Majadahonda de novela que lleva su nombre. Yo iba acompañado de mi editor Fernando Jiménez Ocaña —que editaba el premio Francisco Umbral— con quien yo había publicado tres novelas. Cuando me vio, antes de empezar el acto, charlamos unos instantes. «Luego nos vemos, querido...», se despidió. «Marqués de Carabás», dije, yéndoseme la mano. Entonces, Umbral me miró confuso. «¿De Carabás?», debió de decirse, «¿No es ese el título que se pone el *Gato con botas*?». Ya nunca más me aceptó, así que aún maúllo en los tejados. Demasiado macarrónico aquello. Algo parecido a él, no en vano tras una vida de ateísmo militante, al sentirse morir, reclamó la presencia del obispo de Madrid. Menos mal que con *Mortal y rosa* compensa su egolatría. Y es que algunos fantasmas, cuando les sonríe la fortuna, devienen en fantoches; algunos fantasmas se visten de dandies, pero siguen siendo quinquis de espléndida sintaxis (tal vez la mejor de la segunda mitad del XX), pero con agriada mala leche.

8. El coco de Ruano

El estirado fantasma de Umbral, que exige al bibliotecario planchar la sábana todos días, no es el único jactancioso del paraíso. El estirado fantasma de Umbral tiene su par en César González Ruano (1903-1965), un buen escritor y periodista, sí, pero alguien cuya obra está basada en la falsedad. Ruano era un hijo de buena familia que decidió triunfar en la literatura; un pollopera arrogante y perdulario que, buscando llamar la atención, perpetró una conferencia furibunda contra Cervantes en el Ateneo de Madrid; trabajó en un periódico de izquierdas mientras defendía las ideas más reaccionarias, y marchó a la Italia de Mussolini y la Alemania de Hitler en donde declaró encontrarse muy a gusto. Ruano (tan admirado por Umbral) era un charlatán, un soplagaitas y un oportunista; alguien amigo del dinero fácil, además de un fantasmón de buena sintaxis y alma egoísta. No hay más que leer su *Diario íntimo* para descubrirlo. Se puede ser canalla y escritor de calidad, siendo a la vez auténtico: no hay más que ser sincero y coherente. He ahí François Villon, Jean Genet, William Burrougs y Armando Buscarini; pero dejarse llevar solo por la vanidad y el dinero, venderse al mejor postor, revela a un miserable que se pretendía marqués y cuyo Bruto es el desdén. ¿Marqués? ¡Bufón cual aquel Pietro Gonella (hacia 1450), que cita Cervantes al presentar a Rocinante, el cual servía al marqués de Ferrara! Como Ruano que se dice que exigió que su sábana de fantasma en el Parnaso fuera de Chanel. Menos mal que Nacho Escuin, bibliotecario interino de la leyenda y poeta, le coló una de Alcampo.

9. El espantajo de J. Goytisolo

La biblioteca del paraíso está poblada, como vemos, por espíritus redivivos, pero también por personajes y personajillos, cual el fantasma del título, alguien para llevarse las manos a la cabeza; alguien al que la Asociación Colegial de Escritores de España le dio el premio que concede anualmente de doce mil euros de vellón. Así que ahí fue en carne mortal él, ahí fue Juan Goytisolo (1931-2017). Ahí, con su discurso lastimero, pues nadie le premiaba, lamentó; nadie le hacía caso; nadie se acordaba de él, que era, recalcó: «El primer escritor español desde el Arcipreste de Hita que conoce y maneja el argot bereber», para más tarde añadir: «Se nota que este premio ha sido dado por votación democrática de lo socios, algo que celebro pues por encima de todo creo en la democracia. Seguro que si fuera institucional, no me lo darían». Solo le faltó decir: «Pobre de mí, se han acabado las fiestas de San Fermín». Tan triste y cuitado estaba. No en vano había declarado que si le ofrecían el Premio Cervantes (que recibió unos años después), no lo aceptaría. Demasiado para mí, que soy sobrino putativo de Buñuel, pues cuando llegaron las copas, los corrillos y los canapés, me acerqué a saludar al Gran Demócrata. Yo había ido al acto dispuesto a quitarme el sombrero y el peluquín ante él, pero me pasó como a Graham Greene cuando fue a la rueda de prensa de Sir Anthony Blunt, aquel historiador del arte y consejero de la reina Isabel de Inglaterra, que se descubrió que era un agente de la URSS. Greene fue dispuesto a defenderlo, pero el *queen accent* del espía y su arrogancia, le quitaron las ganas y le pusieron en contra. Así que, cuando Goytisolo apuraba la penúltima copa, quise probar de qué metal estaba hecho: «Oye, Juan, dije, tú que eres tan defensor de la democracia, el voto universal y el bien común, ¿por qué no repartes el premio entre los colegas que te acompañamos? ¡Verás qué contentos nos pones!». Él me miró como si hubiera visto al mismísimo Ángel Exterminador. «Es que estamos todos más tiesos que la mojama», añadí mientras señalaba al escritor Quiroga Clérigo y el círculo que nos rodeaba, que empezaba a llevarse las manos a la cabeza. Juan salió escopeteado y sin concederme la venia, menudo disgusto. *Makbara, Paisajes después de la batalla, Coto vedado…* cuánto había disfrutado leyéndolos; sin embargo, a veces, me digo lo mismo que Goethe: «Ciertos libros parecen haber sido escritos no para aprender o disfrutar de ellos, sino para que se reconozca lo que sabía su autor». En fin, que no me hubiera extrañado nada oírle decir: «La única vez que me equivoqué, fue cuando creí que me había equivocado». No, Juan ya no vive en la plaza de Yamaa el Fna de Marrakech; el arrogante y riguroso Juan Goytisolo, el hombre que se atrevió con las narraciones en segunda persona, el escritor que se adelantó a la autoficción, el hombre que no leía apenas nada actual, sino que releía a los clásicos, no se equivocó con sus escritos y renovó la literatura, aunque no el bolsillo de sus semejantes y hermanos, menuda depresión.

10. El espíritu de Laforgue

Hay fantasmas que nadie o muy pocos recuerdan; ánimas cual Jules Laforgue (1860-1887), un poeta del XIX que, sin embargo, suena a escritor del XXI, pues se lea lo que se lea de él, sintoniza con nuestra sensibilidad. Hay fantasmas que, aunque murieron hace siglo y medio. parecen nacidos hoy pues son irónicos, coloquiales y divertidos, a pesar de haber llevado una «vida escondida», muy alejada de los escándalos de sus colegas de época como Verlaine o Rimbaud. Hay fantasmas que fueron detestados por el burro de Apollinaire, aunque admirados por él después: elogiados por el finísimo André Gide que decía que era el «precursor» de todo lo moderno, y aplaudidos por T. S. Eliot en su ensayo *Criticar al crítico,* que confesó «le debo más a Laforgue que a ningún otro poeta en cualquier idioma»; absorbidos por Ezra Pound, pero también por Hart Crane o Michaux, que bebieron de sus versos a los que este último consideraba «un metamorfismo del lenguaje». Hay fantasmas que se atrevieron a escribir en verso libre; destruyeron los ritmos tradicionales; rompieron con la coordinación y subordinación de las oraciones, creando un efecto musical nuevo; usaron el paréntesis prolijamente, produciendo imprevisión y sorpresa; fueron de los primeros que llevaron el espacio y la astronomía a la poesía, y escondían almas nihilistas y lúcidas, pero también autocríticas… Hay fantasmas que merece leerse aunque solo sea los comienzos de sus poemas, para incitar al lector: «Oh Luna, Inmaculada Concepción de las noches, / a mí, miseria de la nebulosa de ocasión, / me gusta desde el fresco de los tejados de nuestra Babilonia, / concebir tu clima, tu fauna y tu flora» de *Climat, faune et flore de la Lune*; «Mi mujer ha muerto. —No creo en el alma. / Su alma no es nada para mí, no la conozco. / Lo que conozco es ese bello cuerpo de mujer / que tuve debajo de mí, que estrecharon mis brazos» de *Paroles d´un époux inconsolable*; «Mi corazón harto de todo es un viejo coche fúnebre / que arrastran a la nada unos caballos de niebla. / Prometeo y buitre, castigo y blasfemia, / mi corazón es un cáncer que se come a sí mismo» de *Litanies de mon triste coeur*; o, finalmente, estos versos de *Marche funèbre por la mort de la terre*: «Oh séquito solemne de los espléndidos soles, / anudad y desanudad vuestras vastas masas de oro, / suavemente, tristemente, sobre músicas graves, / conducid el duelo lentísimo de vuestra hermana que duerme. // ¡Los tiempos se han cumplido! Muerta para siempre, / tras un último estertor (en donde temblaba un sollozo), / en el oscuro silencio de la calma absoluta, la Tierra / flota como resto de un naufragio enorme y solitario. / ¡Qué sueño! ¿Es verdad? Por la noche transportada, / no eres más que un ataúd, un bloque inerte y trágico. / ¡Recuerda, sin embargo, oh, tu epopeya única! / Mas, no, duerme, duerme eternamente, todo ha terminado. / Y, sin embargo, Tierra, acuérdate de los primeros años, / cuando solo tenías, con la tristeza de los largos días, / los *pantoums* del viento, el clamor del sordo oleaje, / el murmullo argentino de las ramas y las hojas…». Hay fantasmas cual Jules Laforgue, que acaso fue el primero del Club del 27, o muertos a los 27 años, como Brian Jones, Jimi Hendrix, Janis Joplin, Jim Morrison, Kurt Cobain y Amy Winehouse. Hay fantasmas que no fueron acompañados a la tumba más que por apenas ocho o nueve personas: su mujer Leah Lee, el músico Théo Ysaye, el pintor Seurat y los escritores Paul Bourget, Gustave Kahn, Félix Féneon, Paul Adam y Jean Moréas. Hay fantasmas que hoy son apenas recordados; sin embargo, juegan con Borges al ajedrez; hacen feliz al lector.

11. La sombra de Desnos

Hemos visto que algunos fantasmas ya lo fueron antes de morir, cual la aparecida Carolina Coronado, pero también hay que previeron su muerte horrible, por lo que dejaron un poema a modo de testamento en su bolsillo; también hay fantasmas que penaron en siniestros campos de concentración cual Terezin; también hay fantasmas que escribieron líneas manuscritas dedicadas a su familia, cual su esposa Youki en este caso, líneas que solo se puede calificar de espeluznantes. También hay fantasmas cual Robert Desnos (París, 1900 - Theresiendstadt,1945), uno de los fundadores del surrealismo; amigo de Picasso y rebelde sin pausa aunque con causa, pues acabó siendo expulsado de las filas del surrealismo por el pope André Breton, pues abrazó la rima y la métrica clásica al estilo de Villon y Góngora; se incorporó a la Resistencia cuando estalló la 2ª Guerra Mundial y luchó activamente contra los nazis hasta ser detenido y conducido al campo de Theresienstadt en Checoslovaquia, un campo considerado «prisión paraíso», adonde llevaban a los judíos más distinguidos (músicos, escritores, intelectuales), pero que no era más que un escaparate ante la opinión pública a la que se pretendía engañar, pues era la antesala que conducía a los campos de exterminio. También hay fantasmas que conocieron en vida algunos de los vestíbulos del infierno donde penaron un buen puñado de intelectuales europeos, en su mayoría judíos. También hay fantasmas que, ante la inminencia de la muerte, se refugiaron en el amor a su lejana pareja, mientras su existencia pendía de un hilo. «Tanto soñé contigo, / tanto caminé, tanto hablé, / tanto amé tu sombra, / que ya nada me queda de ti. / Solo me queda ser una sombra entre las sombras; / ser cien veces más sombra que la sombra; / ser la sombra que retornará y retornará siempre / a tu vida llena de sol», fueron los versos que se encontraron en los bolsillos de Desnos, dirigidos a su mujer. También hay fantasmas cual este poeta que murió de podredumbre y tifus pocas horas después de escribir estos versos que nos recuerdan aquellos de Antonio Machado, escritos antes de la muerte: «Estos días azules y este sol de la infancia». También hay fantasmas que, frente a la sombra de la muerte, eligen el sol como símbolo de vida. También hay fantasmas que se saben condenados a ser fantasmas, como el caso de nuestro Robert Desnos, por eso escriben sus sueños desde que apenas saben escribir, sin saber que el destino les condenará a escribir sus pesadillas. También hay fantasmas que dicen que van a telegrafiar que se han muerto con las golondrinas, como vemos en «Las botas de siete suelas», por lo que portan su féretro por las calles, todo un presagio. También hay fantasmas que se despiden de una mujer con nombre de calle, a la vez que ella les dedica su mirada más hermosa. También hay fantasmas que escriben: «Aquí estará mi tumba, y solo aquí, bajo tres árboles. / Recojo sus primeras hojas de primavera / entre un zócalo de granito y una columna de mármol. / Recojo sus primeras hojas de primavera, / pero otras hojas nacerán de la feliz descomposición / de este cuerpo que, si puede, vivirá cien mil años. / Pero otras hojas nacerán de la feliz descomposición, / pero otras hojas se ennegrecerán / bajo la pluma de los que cuentan sus avatares. / Pero otras hojas se ennegrecerán / con una tinta más líquida que la sangre y que el agua de las fuentes:

/ testamentos quebrantados, palabras que se pierden más allá de los montes. / Con una tinta más líquida que la sangre y que el agua de las fuentes, / ¿podré yo defender mi memoria del olvido / como una jibia que huye perdiendo la sangre, perdiendo el aliento? / ¿Podré yo defender mi memoria del olvido?». También hay fantasmas que son héroes y que vencen a la desmemoria y la barbarie. También hay fantasmas como Robert Desnos que se nos aparecen muchas tardes.

12. El ángel de Teasdale

Otros fantasmas, sin embargo, caminan entre los libros adivinando el pasado que en su época fue futuro. Otros fantasmas viajan de libro en libro cual Sara Teasdale (1884-1933), que escribió alguno de los mejores poemas que hemos leído nunca contra la guerra. Otros fantasmas, sin embargo, parecen sombras, pues casi nadie se acuerda de ellos, salvo excepciones como la señora McClellan de la novela *Crónicas marcianas* de Ray Bradbury. Otros fantasmas ven hoy cómo se apolilla su sábana, pues su poesía y persona son tratadas como posrománticas, por lo que están un poco olvidadas, aparte de por su temática amorosa, alejada de nuestra sensibilidad. Otros fantasmas escriben libros como *Poemas de amor*, que son deliciosamente anacrónicos. Otros fantasmas llevaron una vida cómoda en su existencia terrenal, que se troncó trágica cuando, estando casada, se enamoró de otro poeta llamado Vachel Lindsday, con el que se acabó fugando; sin embargo, la melancolía y la depresión le empujaron al suicidio a los 49 años, ingiriendo un bote de pastillas. Otros fantasmas escribieron poemas no románticos que siguen siendo memorables. Es el caso de *There will be stars*, que comienza así: «Habrá estrellas sobre este lugar por siempre; / a pesar de que la casa que amamos y la calle que nos encantó se hayan perdido…». O el poema titulado *If deadth is kind*, que empieza de esta manera: «Si la muerte es amable, y acaso hay un retorno, / regresaremos a la tierra una noche fragante…». Pero volviendo a los poemas contra la guerra (Sara vivió la Primera Guerra Mundial con terror y sospechó la Segunda, pues murió en 1933 cuando Europa ya bullía), dice así el suyo: «Vendrán lluvias suaves y olores de tierra, / y golondrinas que volarán con fuerte zumbido; / y ranas que cantarán de noche en los estanques / y ciruelos de tembloroso blanco / y petirrojos vestidos con plumas de fuego / mientras trinan en los alambres de las cercas; / y nadie sabrá nada de la guerra, / a nadie le interesará que haya terminado; / a nadie le importará, ni a los pájaros ni a los árboles / si la humanidad se destruye completamente; / e incluso la misma primavera, al despertarse al alba, / apenas sabrá que hemos desaparecido», sin duda unos estremecedores versos que nos traen a la memoria aquellos otros de Carl Sandburg (1878-1967) que dicen: «Haced la pila de cadáveres / en Austerlitz, en Waterloo; / echad encima tierra / después. Yo soy la hierba / y todo lo cubriré. / Haced la pila en Gettysburg, / en Ipres, en Verdun. / Después vendrá mi turno / sobre la lúgubre quietud. / Y cuando pasen los años, las décadas, / los viajeros preguntarán qué lugar es ese. / No sé, dirá el conductor. / Y yo: «Soy la hierba, dejadme trabajar». Otros fantasmas adivinan el horror.

13. El papón de Pound

Hay fantasmas en la biblioteca de la leyenda que son admirables pero peligrosos, pues aunque no arrastren cadenas, sí pueden ponernos las cadenas a nosotros. Hay fantasmas que brillan en la noche pero ensombrecen el día. Hay fantasmas, como Ruano, que nos obligan a dudar si son imbéciles o malvados. Hay fantasmas en la biblioteca del paraíso que defendieron en vida el supremacismo, el racismo y el pensamiento único, pese a ser escritores geniales. Hay fantasmas como el medievalista Otto Rhan, el novelista Louis Ferdinard Celine (colaboracionista francés de los nazis), el filósofo Martin Heidegger (uno de los que no hicieron ascos a la Solución Final, por su antisemitismo), el novelista Gunter Grass (miembro de las Waffen-SS) o el poeta Ezra Pound (fascista pero también simpatizante del nazismo), que defendieron lo indefendible, esto es, el exterminio de sus semejantes por ser de «otra raza». Hay fantasmas que nos hacen preguntarnos cómo no se dieron cuenta de la monstruosidad que apoyaban, o si fueron sinceros o solo unos oportunistas. Otto Rhan, por ejemplo, llegó a teniente de las SS, pero se arrepintió cuando fue enviado al campo de concentración de Dachau y vio las barbaridades que se hacían, por lo que fue obligado a suicidarse: «Mi país se ha convertido en una pesadilla», llegó a decir. En cuanto a Celine, tal vez el mejor escritor de todos ellos, fue una auténtica bestia parda y mantuvo sus ideas hasta el final. Otros las cambiaron según sus intereses, como Heidegger o Gunter Grass, que llegó a Premio Nobel ocultando su pasado, pero ¿cómo habrían actuado si hubiera ganado Hitler? ¿Hubieran asentido ante sus picadoras de carne? Un caso aparte es el fantasma que viene cada verano a nuestra biblioteca, el fantasma del norteamericano Ezra Pound, «*il miglior fabro*», según lo calificó T. S. Eliot cuando Pound le corrigió *The waste land,* La tierra baldía. Nostálgico de la Roma imperial, autor del influyente poemario *The cantos*, fascista militante, locutor de la radio de Mussolini bajo el apelativo de «Uncle Ezra», o sea, «el tío Ezra,» desde la cual animaba a las tropas americanas a pasarse al fascismo, al terminar la Segunda Guerra Mundial fue detenido por los aliados, se hizo el loco y fue internado en un manicomio de EE. UU., donde permaneció doce años. Un puñado de escritores iniciaron entonces una campaña para sacarlo, recogiendo firmas. Otros se negaron como Robert Graves, al que comprendemos. Y es que Ezra Pound viajó a Italia a principios de 1923 o 24 para mostrar públicamente su apoyo al fascismo, por lo que apenas bajó del avión, hizo el saludo fascista y pasó a entrevistarse con *Il Duce* para demostrarle su apoyo, el cual lo llenó de elogios. Pound conocía los excesos (fusilamientos, torturas) de los fascistas italianos; sin embargo, siguió apoyando a Mussolini. Pound era el padrino literario de T. S. Eliot, William Carlos Williams, D. H. Lawrence, John Doss Passos, James Joyce y Robert Frost, entre otros, por lo que a él le deben el empujón inicial de sus carreras literarias y cabe preguntarse si sus firmas para liberarlo fueron un acto de agradecimiento o de justicia. Y es que Pound es un gran poeta, no hay más que leer un fragmento de sus *Cantos*: «Y bajamos a la nave, / enfilamos la quilla a los cachones, nos deslizamos en el mar divino e / izamos el mástil y la vela sobre la nave oscura; / ovejas llevábamos a bordo y también nuestros cuerpos / deshechos en llanto, mientras los vientos soplaban en la popa / impulsándonos con hinchadas velas» (Cantos, I); es un gran poeta, decíamos, pero su comportamiento está impregnado de vileza moral como los de Louis Ferdinand Celine: Pierre Drieu la Rochelle, colaboracionista del Tercer Reich que se movía según los vientos políticos; Knut Hamsun, que en 1943 regaló su medalla del Premio Nobel, que acababa de recibir, a Joseph Goebbels y que a la muerte de Hitler lo despidió como un «Era un predicador del Evangelio sobre el derecho de las naciones»; o Maurice Sachs, informante de la Gestapo, todos ellos escritores y colaboracionistas nazis. Hay fantasmas cuyas vidas inicuas infaman su obra. Hay fantasmas que apoyaron a los carniceros de hombres, aunque no en un momento de locura o enardecimiento, como François Villon, Vidal Planas o Louis Althusser, sino para exterminar una raza, una libertad personal, o un credo. Hay fantasmas que hay que leer, pero olvidando quién se esconde bajo la sábana. Hay fantasmas, perdón, lector, que son unos redomados cabrones.

14. La visión de Tennyson

La biblioteca de la leyenda esconde, asimismo, fantasmas magníficos, como es el caso del hijo de un párroco de Lincolnshire; cuarto de doce hermanos, todos con problemas psicológicos, nos recuerda Borges; un hombre de difícil equilibrio mental que escribió poemas que parecen encantamientos, trances o enajenaciones, pues son a menudo hipnóticos. La biblioteca del paraíso esconde, asimismo, el fantasma del poeta al que Walt Whitman llamaba «el jefe»; Carlyle definió a uno de sus personajes (y a la vez a él) como «solitario y melancólico pues llevaba consigo una parte del caos a la que convierte en cosmos», y T.S. Eliot admiraba y refutaba con su poesía radicalmente opuesta, pues Eliot y su sintaxis devolvieron el caos al caos, llenando sus poemas de ruinas estéticas y espirituales para retratar al hombre moderno, a la vez que condenaban la analogía como recurso literario, en beneficio de la asociación de ideas. La biblioteca del paraíso esconde, asimismo, fantasmas cuyos temas nos extrañan hoy (personajes malditos, la obsesión, la mujer fatal, lo oscuro que brilla) y cuyos versos podrían ser suscritos por cualquier drogadicto, alucinado o marginado. La biblioteca del paraíso esconde, asimismo, al autor de poemas que comienzan diciendo: «Luz que brilla sobre épocas desvanecidas…», «Dulce como los besos recordados después de la muerte», «Desciende, Maud, al jardín, pues se fue la noche», o este que recuerda la casa de su infancia: «Casa oscura frente a la que me encuentro otra vez / aquí en la larga y malquerida calle, / puertas en donde mi corazón se acostumbró a latir / con fuerza, esperando la mano, // la mano que ya no puede agarrar. / Miradme pues no puedo dormir». La biblioteca de la leyenda esconde, asimismo, el fantasma de Alfred Tennyson (1809-1892), lord Tennyson para la historia de la literatura, alguien que admiraba a Virgilio y escribió algunos de esos poemas que no se olvidan como *Maud, Godiva, Mariana, En memoria de A.H.H, Claribel, The Kraken, El sueño de las mujeres bellas, Los lotófagos, El Lord de Burleigh, Enone, Lady Clara Vere, Sir Galahad, Elaine, Enoch Arden, El cisne moribundo, Ginebra* y muchos más que forman parte de la educación sentimental de tantos. La biblioteca del paraíso esconde, asimismo, el fantasma del autor de *The lady of Shalott*, la historia de la muchacha que no puede salir de su castillo por un encantamiento que hoy no sería sino un caso más de agorafobia, del mismo modo que los elegidos de los dioses de la Antigüedad que entraban en trance no eran más que epilépticos, o los embrujados del Medioevo no eran más que depresivos, o las brujas de la Edad Media no eran más que mujeres esquizofrénicas, por no seguir citando más. La biblioteca de la leyenda nos obliga a recordar que la agorafobia es el miedo a los espacios abiertos, uno de los temas menos tratados en la literatura pero, sin embargo, bastante más común de lo que parece, pues agorafóbicos fueron Emily Dickinson, que pasó casi toda su vida encerrada en su cuarto, componiendo originalísimos poemas; Soren Kierkegaard, que caminaba pegado a las paredes de las casas cuando sufría una crisis y tenía que salir a la calle; la escritora austriaca Elfriede Jelinek, que ganó el Nobel de literatura y la sufría con dolor; o Mario Levrero, que cuenta su angustioso miedo a salir por Montevideo en *La novela luminosa*… La biblioteca del paraíso esconde, asimismo, el fantasma que poetizó una leyenda artúrica, transmutándola en versos que son favoritos de este bibliotecario: la historia de Elaine de Astolat, que ya había recogido Sir Thomas Malory en el XV, en la que se cuenta la leyenda de la chica enamorada de Lancelot, el cual ama en secreto a la reina Ginebra, esposa de Arturo. La biblioteca del paraíso esconde la genialidad de Tennyson que convirtió a esa mujer en una dama que no puede salir de su castillo, pero que ve pasar a Sir Lancelot, quien le atrae tanto que se atreve a luchar contra el encantamiento y romper su encierro. La biblioteca de la leyenda esconde un poema que comienza con los campos de cebada que ve desde la ventana, además del río y los aldeanos que pasan; continúa con el paso de Sir Lancelot, que la deslumbra; sigue —hablo de memoria— con la visión de las lejanas e inalcanzables torres de Camelot, adonde nunca podrá ir si no rompe el encantamiento, y acaba cuando la Dama se embarca en el río y muere en las riberas de Camelot, donde es contemplada por su imposible amor, quien se dice que, de haberla conocido, quizás la hubiera amado. ¿No es sobrecogedor, poesía en estado puro?

15. La aparición de Stevenson

Hay fantasmas en el paraíso que en su vida fueron valientes que no temieron nada. Hay fantasmas de personas que vivieron apenas cuarenta y pocos años; buscaron climas cálidos, huyendo de Edimburgo a Londres, Francia, EE. UU. y Samoa, y murieron víctimas de la tuberculosis. Hay fantasmas de vidas cortas que tuvieron tiempo de escribir algunas de las novelas más originales de la literatura, entre ellas una de las primeras policiales (*Los traficantes de naufragios*, 1891). Hay fantasmas de valientes que demostraron su coraje ante la enfermedad y el amor, pues, como recordaba Borges a sus alumnos, visitando Francia en la Colonia Internacional de Pintores de Barbizon, Fontainebleau, vieron a una mujer, acompañada de una niña, y le dijeron a su hermano: «¿Ves a esa señora?» «Sí», respondió el aludido. «Voy a casarme con ella». Obviamente, el hermano pensó que bromeaba, pero nuestro fantasma entró en el hotel, se hizo amigo de la dama, que se llamaba Fanny Osbourne y que le dijo que debía regresar a San Francisco, y le prometió que volvería a verla. Tres años más tarde, sin haberse siquiera escrito, nuestro fantasma emigró a EE. UU., viajó del este al oeste, trabajó como minero y llegó a San Francisco donde localizó a la mujer y le pidió que se casara con él, a lo que ella accedió. Después, regresaron a Escocia, volvieron a América y, cada vez más enfermo de tuberculosis, se embarcaron a Samoa. Allí se hizo amigo del rey de Vailima, nombre que significa Cinco Ríos, escribió, vivió, en paz con la naturaleza y murió entre el cariño de los nativos, siendo enterrado en lo alto de un monte. Este es el epitafio que se escribió, en traducción de Javier Marías: «Bajo el inmenso y estrellado cielo, / cavad mi fosa y dejadme yacer. / Alegre he vivido y alegre muero, / pero al caer quiero haceros un ruego: / que pongáis sobre mi tumba estos versos: / aquí yace donde quiso yacer; / de vuelta del mar está el marinero, / de vuelta del monte está el cazador». Hay fantasmas de valientes en el paraíso como es el caso de Robert Louis Stevenson, quizás el escritor más optimista de la historia de la literatura, junto con nuestro Espronceda, pues llevando la muerte dentro, jamás se arredró; alguien que está enterrado en el Monte Vaea, de Samoa, donde descansa en una tumba sencilla desde donde se divisa el mar y a la que la gente lleva flores. «Algo debo de haber hecho mal, o no sería tan famoso», había escrito. Medio mundo le podría responder: «¡Quince hombres en el cofre del muerto / yo, ho, ho, y una botella de ron!» de *La isla del tesoro*, pues con él hizo felices a millones y sigue haciéndolo con sus apariciones.

16. El leviatán de Amis

El paraíso oculta también los espíritus de escritores cuyas almas se fugan de la tumba, buscando un lugar lejos de su agitado recuerdo y su mente efervescente. El paraíso oculta al hijo del escritor Kingsley Amis, aquel autor de *La suerte de Jim*, alguien cuya primera novela *El libro de Rachel*, 1973, atrapa tanto que dan ganas de leer todo lo que saca; el *enfant terrible* de la literatura inglesa, con novelas como *Dinero* o *Campos de Londres* que colman las expectativas del lector menos convencional; el paraíso oculta el espíritu fugado de un tipo sarcástico, borde y nada complaciente; un escritor que no pretende agradar salvo a su conciencia, por lo que es tan independiente como repelente. El paraíso oculta a un escritor que busca provocar e insultar a las conciencias políticamente correctas; un autor egocéntrico y algo vanidoso que, sin embargo, no es guapo ni saludable; el paraíso oculta a Martin Amis, el heredero de Vladimir Nabokov, pero sin contemplaciones ni buena educación, alguien que mete el bisturí de la escritura en la inocencia de la juventud y la madurez, en la sociedad y la marginalidad; un cirujano literario que abre y corta con sarcasmo y mala leche; un escritor que realiza divertidas reflexiones sobre lo que pasa por las cabezas de los hijos de una época que, como una vieja culebra, cambia de piel a toda velocidad, pero también sobre sus conductores y la dirección que toma: «Las mujeres tienen hoy más poder de lo que es bueno para sus propias vidas», llega a decir uno de sus personajes. El paraíso oculta a un escritor como para lincharlo; un autor malicioso, que no malvado, imprescindible para los que quieran huir de lo políticamente correcto. El paraíso oculta a un novelista que, a buen seguro, gusta de los cementerios y los fantasmas, y que, si conociera el cancionero popular español, entonaría: «Los borrachos en el cementerio juegan al mus».

Sí, el paraíso oculta a un novelista antielitista, antimoderno y antipático; un escritor muy poco autoconsciente, es decir, no poco arriesgado y sin preocupación por las consecuencias de lo que dice y escribe. El paraíso oculta a un fustigador del feminismo radical, las conveniencias sociales y la corrección política. El paraíso oculta a un narrador antimarxista y depredador de la posmodernidad, que le repugna. El paraíso oculta a un hombre irreligioso que una década antes de la guerra ruso-ucraniana profetizó que Putin era el coco. El paraíso oculta a un americanista, un islamófobo y un iconoclasta que afirma: «Puedes hacer lo que te dé la puta gana en el mundo moderno siempre que tu piel sea lo bastante oscura; si es así todo vale». El paraíso oculta al maestro y predecesor de Michel Houellebecq, al sucesor literario del músico Frank Zappa, un disidente de todo lo convencional.

17. El fantasmón de D´Annunzio

En el grupo sabanero de los fantasmas fascistas; desfilando
junto a Ruano y Pound; en el barrio ridículo pero genial del
paraíso, encontramos un nuevo fantasmón que, sin embargo,
era magnífico al escribir; en el grupo sabanero de los fantasmas fascistas, encontramos cantando a Gabriele D´Annunzio
(1863-1938), un poeta al que casi no conocen las generaciones jóvenes, pero que es extraordinario; alguien que se quiso
sumar a la nómina de poetas soldados como Garcilaso de la
Vega o Antoine de Saint Exupery; un vividor, donjuán y des-
vergonzado galanteador sin puntería política. En el grupo sabanero de los fantasmas fascistas de la leyenda, se puede encontrar ululando a un escritor que nació en Pescara y publicó
su primer libro de poesía a los dieciséis; alguien que no ne-
cesitó del *marketing*, pues hizo correr el bulo de que había
muerto, por lo que la crítica se volcó con generosidad en aquel
joven poeta «fallecido»; un escritor que ya en la Universidad
de Sapienza, dio rienda suelta a lo que será una constante de
su vida: su necesidad de sexo, comenzando una vida galante
que apenas si tiene que envidiar a la de Casanova. En el grupo sabanero de los fantasmas fascistas se encuentra el hombre que dejó embarazada a la duquesita María Hardouin, con
la que se casó y tuvo tres hijos, pero que tras un breve paréntesis descuidó para incrementar sus conquistas en una su existencia de lujos asiáticos y mujeres hermosas. En el grupo sabanero de los fantasmas fascistas se encuentra el hombre que
en la Primera Guerra Mundial se alistó y no tardó en lograr el

nombramiento de comandante piloto en el Regimiento Lancieri di Novara; alguien con un coraje heroico, que perdió la visión de un ojo en una misión y se jugó la vida muchas veces. En el grupo sabanero de los fantasmas fascistas se encuentra el hombre que se empeñó en conquistar Fiume, pues el tratado de paz de la Gran Guerra se lo había prometido a Italia, pero no se hacía efectivo, de modo que con unos cientos de exaltados lo ocupó durante quince meses (Fiume es hoy Rijeka, Croacia), haciéndolo italiano en 1919 en lo que se llamó la Regencia de Carnaro, e inaugurando una estética de camisas negras y saludos a la romana. En el grupo sabanero de los fantasmas fascistas del paraíso se encuentra un poeta que, al regresar a Italia, su admirador Benito Mussolini quiso premiar con un cargo, pero él lo rechazó, comenzando un tira y afloja que le ocasionó un presunto atentado, pues no quería someterse a un Duce sayón y gesticulón. En el grupo sabanero de los fantasmas fascistas de la leyenda se encuentra el poeta al que Víctor Manuel III concedió el título de Príncipe de Montenevoso, sabedor de su afán de relumbrón. En el grupo sabanero de los fantasmas fascistas del paraíso se encuentra un poeta que murió de un infarto, siendo presidido su entierro por su enconado «amigo» Mussolini, que quiso sacar réditos del autor de *El inocente* y *Cuentos del río Pescara*. En el grupo sabanero de los fantasmas fascistas se encuentra el autor de una poesía decadente y exquisita, llena de sensualidad y gozo de vivir, al que sospechamos que los fantasmas libres pegan palominos en su sábana en el tendedor.

18. La estantigua de Reed

Hay fantasmas en el paraíso que se han colado en su biblioteca pues no son poetas, sino letristas; hay fantasmas que son hijos de ese baboseo necrófilo y ridículo que roza la idolatría, que se produce tras la muerte. Hay fantasmas de grandes de la música que han influido en las costumbres, estética y sensibilidad de generaciones, pero que no son escritores, pensadores ni revolucionarios, sino letristas, algo en lo que media un abismo, aunque mejor sería decir bobalismo. Hay fantasmas en la leyenda que se han colado en la biblioteca, pues no son poetas sino artistas aupados a profetas gracias al poderoso *marketing*, pues sus letras no soportan el comentario de texto de un alumno de secundaria. Hay fantasmas que se han colado como Lou Reed (1942-2013), al que algunos calificaron como la quinta esencia del *underground*, incluso comparable a Timothy Leary o Charles Bukowski. Hay fantasmas cuya obra no es poesía, sino buenas letras al servicio de la buena música. Hay fantasmas a los que considerarlos literatura, es puro papanatismo y escalera al cielo de los catetos; aunque a lo mejor nos equivocamos y *Mi carro* de Manolo Escobar es comparable con el *Romancero gitano* de Lorca, al fin y al cabo «Dónde estará mi carro» es un heptasílabo perfecto. Hay fantasmas como este mal bicho, pájaro de cuidado y difunto racista, aparte de maltratador; alguien que tras una juventud salvaje de anfetaminas, heroína y vanguardia con *The Velvet Underground* y su vocero Andy Warhol, la fama no acababa de llegarle, amargándolo hasta que David Bowie lo metió en el candelero con el LP *Transformer*. Hay fantasmas que cuando se pone la lupa sobre ellos como hizo el periodista Howard Sounes con su biografía *Notes from the Velvet Underground: The life of Lou Reed*, se descubre a «un auténtico monstruo», un demonio para sus colegas pues era un cotilla, alguien propenso a la peor envidia y un borde contumaz. Hay fantasmas que, según Sounes, que entrevistó a 140 personas que le conocieron, hincharon el ojo a su primera mujer Bettye Kronstad, dejándoselo a la funerala, entre otras caricias. Hay fantasmas que sacudían a sus admiradoras, insultaban a sus colegas, confesaban «no me gustan los negratas como esa Donna Summer», odiaban a los Beatles a los que definía como «basura» y consideraban a Bob Dylan «un judío pretencioso...». Hay fantasmas cuyo manager Paul Morrisey, agente de la Velvet Underground mucho tiempo, describió como «la peor persona que ha vivido». Hay fantasmas a los que solo la edad, la fama y el dinero, además de la dulzura de su tercera mujer Laurie Anderson, salvaron. Hay fantasmas que no son poetas ni escritores, sino compositores, además de auténticos capullos. Hay fantasmas que son buenos letristas (*I'll be your mirror* es un libro de letras de canciones, no de poemas); hay fantasmas que suenan como moscardones cantando y que son autores de discos inolvidables como *Rock and roll animal* y *Berlín*, pero que, si no llegan a triunfar, empiezan la Tercera Guerra Mundial ellos solos. Hay fantasmas a los que hay que echar de la biblioteca por okupas y mandarlos a la discoteca, como quien va de la teca a la Meca. Hay fantasmas cuyas sábanas hay que mandarlas al tendedero a que les dé el relente y les enfrasque de poesía para limpiar su pobresía.

19. El wraith de Dylan

A punto de abandonar la biblioteca de la leyenda, no estaría de más decir que hay fantasmas que no quieren ser fantasmas, como ocurría con Borges; fantasmas que provocan sarpullidos en la República de las Letras que contempla desconcertada la lenta agonía del libro de papel, en medio del insoportable cambio de los soportes de la escritura. A punto de abandonar la biblioteca del paraíso, no estaría de más recordar que, en el principio, fueron tablillas de arcilla donde se escribía en la lejana Mesopotamia; después, tablas de madera recubiertas de cera o estuco en Grecia y Roma; al mismo tiempo, se utilizaba el papiro en Egipto; más tarde, en Pérgamo, actual Turquía, el pergamino o piel de vacuno u oveja; hasta que finalmente, los árabes trajeron el papel desde Oriente (China)… A punto de abandonar la biblioteca de la leyenda, no estaría de más decir que ahora la escritura ha encontrado un nuevo soporte en el ordenador, CD y móvil. A punto de abandonar la biblioteca, no estaría de más decir que en un siglo, es posible que desaparezca la escritura caligráfica; se pierda la destreza de escribir y se teclee en su lugar, por lo que la literatura estará guardada en e.books, ordenadores y CDs; se podrán ver, leer u oír los libros, algo que la academia sueca ha visto venir, premiando a uno de esos escritores que hacen libros en CDs, es decir, no los imprimen sino que los graban. A punto de abandonar la biblioteca del paraíso, no estaría de más decir que el Premio Nobel del 2016 a Bob Dylan (nacido en 1941), además de reconocer la literatura oral, reconoce este suceso. «Venid escritores y críticos, quienes profetizáis con vuestra pluma», dice en *The times are changing*, «porque ni imagináis cómo va a cambiar todo». Es por eso que la concesión de ese premio es hacer justicia a ese oficio de poetas vagabundos que van desgranando sus versos por los pueblos, un oficio al que pertenecen Joaquín Carbonell, Joan Manuel Serrat, Luis Eduardo Aute y José Antonio Labordeta en España, pero también Georges Brassens y Georges Moustaki en Francia; o Woody Guthrie, Leonard Cohen y Jim Croce en EE. UU.; o Victor Jara, Silvio Rodríguez, Atahualpa Yupanqui, Violeta Parra y Mercedes Sosa en Suramérica; o Franco Battiato, Domenico Modugno y Paolo Conte en Italia. A punto de abandonar la biblioteca de la leyenda, no estaría de más decir que Bob Dylan ha escrito algunos de los versos que se han cantado en toda la aldea global y que sí son literatura, por lo que no nos resistimos a recoger algunos. He aquí, por ejemplo, estos de *Girl from the north country fair*: «Si viajas a la feria del País del norte, / donde los vientos pegan fuerte en la frontera, / dale recuerdos de mi parte a una chica que vive por allí, / pues alguna vez fue mi verdadero amor». O estos que cantan un crimen de género: «William Zanzinger mató a la pobre Hattie Carroll / con un bastón al que daba vueltas en torno al diamante de su anillo / en un encuentro en un hotel de Baltimore. / Así que llamaron a la policía y le quitaron el arma / mientras lo llevaban custodiado a comisaría», pertenecientes a *The lonesome death of Hattie Carrol*. O estos de *Visions of Johanna*: «El vendedor ambulante se dirige a la condesa / que finge interesarse por él y le dice: / «Nombra a alguien que no sea un parásito y saldré y rezaré por él». O estos de *Most of the time*: «La mayor parte del tiempo / ella no está ni siquiera en mi cabeza, / no la conocería si la viera, / está así de lejos. / La mayor parte del tiempo / no puedo ni estar seguro / si estuvo alguna vez conmigo / o yo estuve con ella. / La mayor parte del tiempo». O, para terminar, estos irónicos pero tristes: «Viento idiota, soplando a través de las flores / de tu tumba; / soplando a través de las cortinas de tu habitación. / Viento idiota, soplando», de *Idiot wind*; por no hablar de la que ha sido considerada la mejor canción-poema de la historia de la música moderna: *Like a Rolling stone*, parece ser que inspirada en Edie Sedgwik, la hija de un multimillonario del petróleo, que marchó a Nueva York, atraída por la moda, los cantos de sirena de Andy Warhol y la cultura *underground*; una veinteañera que quería conocer la vanguardia y el gran mundo; alguien que no tardó en ser la musa del pintor de los famosos, que pagaba a sus modelos con drogas; una muchacha que conoció a Dylan, con quien mantuvo un corto romance que acabó cuando supo que él se había casado, para después engancharse en la cocaína, la heroína y las pastillas, muriendo a los veintiocho. A punto de abandonar la biblioteca del paraíso, no estaría de más decir que Dylan es un poeta de la *Generación Beat* como Allen Ginsberg, Gregory Corso y Ferlingetti; ha escrito y cantado la libertad, los sentimientos y los derechos de las hombres; realiza un oficio de juglares, a menudo despreciado por los seguidores del mester de clerecía, que lo miran por encima del hombro, sin saber que con ello condenan al escritor anónimo de *El Cantar del Cid*, al del *Libro de Apolonio*, al del *Poema de Fernán González*, o al de la *Leyenda de los Infantes de Lara*. A punto de abandonar la biblioteca de la leyenda, no estaría de más decir que Dylan representa a un oficio que los estirados que han cursado el Quadrivium, miran con estupor pues la mayoría de los cantores no pasaron del Trivium, por lo que tienen que cantar lo que escriben. A punto de abandonar la biblioteca de la leyenda, no estaría de más decir que Dylan es el juglar por excelencia; el más grande poeta callejero; un «artista del trapecio», como se definió él; un tipo huraño que no quiere ser poeta; un cantador de las historias de nuestro tiempo, con las que hasta olvidamos su voz de grajo; la reencarnación de Pere Abbat.

20. El doppelgänger de Villon

«Ese techo tranquilo cual campo de palomas, / palpita entre los pinos y las tumbas», escribió Paul Valéry en *El cementerio marino*, así que cuando nos acercamos al fin de la búsqueda de lo que se esconde tras la leyenda, no nos parece mal visitar a uno de los autores que dudaron que sea un lugar físico, pensando que más bien sea un espacio repartido en los libros de todas las bibliotecas, que son el compendio del paraíso. Entonces, en un rincón de ese paraíso vemos los restos del poeta más moderno, pese a haber vivido en el siglo XV. En un rincón de esa biblioteca fantasma, duerme François Villon, un clérigo, ladrón, conquistador de mujeres y homicida; alguien que desapareció hacia 1463, posiblemente asesinado por alguno de los burlados en sus versos, o peor aún, en una reyerta. En un rincón se encuentra alguien cuya imagen nos recuerda a Errol Flynn. Villon es un rufián y un bardo, un escritor libre como el ventarrón, un goliardo descarado e irreverente, un aventurero que cantó el París medieval. Cómo no admirarlo, si además escribe sin miedo y apelando con sinceridad, pero también malicia, a nuestra compasión, él que no siempre la tuvo: «*Frères humains qui après nous vivez, / N'ayez les cœurs contre nous endurcis, / Car, se pitié de nous pauvres avez, / Dieu en aura plus tost de vous merciz*», dice en *La balada de los ahorcados*, o sea, «Hermanos humanos que aún seguís vivos, / no seáis con nos de corazón muy duros, / pues si piedad mostráis con estos despojos, / Dios será con vos misericordioso». Así nos suplica su ahorcado al que le da la voz.

Así nos interpela, nos suplica o nos tima. Es él, vivo y muerto. Es su premonición, convertida en poema. Aliagas y yerbajos se alimentan de su cuerpo, aún sin encontrar, mientras nos queda su voz de aparecido, la del clérigo que eligió ser juglar, el hombre que se sirvió de la religión para sobrevivir mientras la contradecía con descaro; el antepasado de todos los poetas libres que vinieron después.

21. El hipocampo de Cravan

Cubiertos de verdín, carcomidos por la lluvia de una ventana de cristales rotos, sin ninguna prestancia, se encuentran los libros empapados de este poeta que nació en Lausana (Suiza). Están hechos de piedra de arenisca, barata y pobre, como corresponde a un hombre sin sentido. Son los libros de alguien que entre su nacimiento y muerte cantó el absurdo; la obra de alguien que vivió en el ahora y murió en el actualmente; los libros de un autor cuya obra es «*Vague littérature*», cual escribió Mallarmé; la obra de un poeta que nunca pensó en el ayer ni en el mañana; los libros de alguien que dijo: «¿Cuál es esta noche ni equivocación? / ¿Cuál entre tanta tristeza? / Todo me parece hermoso: / el dinero, tan real, / la paz, las vastas tareas, / los autobuses y las tumbas; / los campos, el deporte, las amantes. / hasta la vida magnífica de los hoteles. / Quisiera estar en Viena y en Calcuta. / Tomar todos los trenes y todos los navíos, / follar con todas las mujeres / y zamparme todos los platos. / Frívolo, químico, puta, borracho, músico, / obrero, pintor, acróbata, actor; / viejo, chiquillo, estafador, mangante, / ángel y juerguista; millonario, burgués, / cactus, jirafa o cuervo, cobarde, / héroe, negro, mono, Don Juan, pillo, lord, agricultor, / cazador, empresario, fauna y flora: / soy todas las cosas, todos lo hombres y todos los animales / ¿Qué hacer?». Eso escribió. Eso dice el fantasma de Arthur Cravan. Sobrino político de Oscar Wilde, a quien consideraba un animal desmedido, pero a quien imitó; alto y apolíneo, con sus dos metros de altura y sus rasgos simétricos; «insolente e insultante, pero tan bello como Modigliani», según Paul Crespelle; dandy de bombín y bolsillos rotos que antecedió el dadaísmo; «héroe del siglo XX», según André Breton; farsante y fabulador hasta llegar a decir que Oscar Wilde era su padre; enemigo de Apollinaire por quien fue desafiado tras burlarse de su novia, la pintora Marie Laurencin, una «pintamonas» según él; Burlador de André Gide, al que llamaba «vago»; autocalificado como «embustero, marino del Pacífico, mulatero, recolector de naranjas, encantador de serpientes…» y otros disparates; usuario y tal vez falsificador de pasaportes; amante de la Barcelona de principios de siglo; boxeador profesional sin saber boxear (el público pedía que le devolvieran el dinero tras sus combates); «amigo» ocasional de Trotsky a quien conoció en un viaje en barco; detenido por la policía en Nueva York tras desnudarse borracho en una conferencia; enamorado de una feminista norteamericana con la que tuvo una hija póstuma a la que su mujer puso el nombre de Fabienne como el verdadero nombre de Cravan, que era Fabian; ahogado a los 31 años en el golfo de México; admirado por Marcel Duchamp, Octavio Paz y Julio Cortázar…, su vida es una obra de arte. Es Arthur Cravan, el hombre de las mil personalidades; el que se renombró Arthur en homenaje a su admirado Arthur Rimbaud; el que se hacía pasar por crítico de arte; el fundador de la revista *Maintenant* que él mismo vendía por París; el mayor provocador y nihilista de la época. Cravan. ¿Qué hacer con su memoria? ¿Diluirla en el azul, para no morirlo? ¿Ungirla con una corona de flores empapadas de agua salada, como las profundidades del Atlántico donde mora? ¿O leerle para devolverle la vida? Que yo recuerde tiene pocos libros: *Cartas de amor* a Mira Loy, Arthur Cravan, *poeta y boxeador* y pocos más que acaso son antologías. Estoy a la busca de *Je pars á la gare* y de *Maintenant*. Así que su majestad elija o escoja: el clavel o la rosa. Al fin y al cabo es un hijo de Neptuno.

22. El fantasma de Eliot

Mientras abandonamos la biblioteca del paraíso, el fantasma de uno de los poetas más rutilantes del siglo XX nos contempla con preocupación. Se trata de uno de los poetas más grandes, pero también de los más sospechosos. Mientras abandonamos la biblioteca, recordamos *La canción de amor de Alfred Prufock, La tierra baldía* y *Los cuatro cuartetos*... que cambiaron la historia de la poesía. Mientras cerramos la puerta, el fantasma de T. S. Eliot (1888-1965) nos mira con preocupación pues nos sabe irreverentes, y su pensamiento en ocasiones chirría. Mientras abandonamos la biblioteca de la leyenda, el fantasma de uno de los poetas más brillantes del siglo XX se reconoce moralista, pues reduce el amor, el sexo y la sensualidad a estas palabras: «Frotación, frotación, todo es frotación». Mientras abandonamos la biblioteca del paraíso, el fantasma de uno de los poetas más brillantes del siglo XX se reconoce sospechoso, pues no pocas veces suena a Jules Laforgue e incluso le calca. Mientras abandonamos la biblioteca, el fantasma de uno de los poetas más brillantes del siglo XX nos recuerda que se casó en la capilla de Saint Barnadas (Londres) en homenaje a Laforgue, pues aquel se había casado allí. Mientras abandonamos la biblioteca, recordamos que cuando Eliot conoció a Ezra Pound en 1914, le comunicó con entusiasmo: *«He is an exquisite poet, a deliverer of nations, a Numa Pompilius, a father of Light»*, refiriéndose a Laforgue, algo que se evidenciará en su interés por las civilizaciones enfermas, siempre más atrayentes —literariamente hablando—

que las sanas: «*Une vielle civilisation decadente, est ce moins intéressant en art qu'une civilisation équilibrée, comme le siècle de Périclès*», escribió Laforgue, algo que Eliot calca en *La tierra baldía*, cuando canta a Europa cayéndose a pedazos, no solo físicamente tras la Primera Guerra Mundial. Mientras abandonamos la biblioteca, nos decimos que sin Laforgue no existiría Eliot, algo que descubrimos al leer el poema *L'hiver qui vient* de Laforgue, que comienza: «*Blocus sentimental! / Messageries du Levant! / Oh, tombée de la pluie! / Oh, tombée de la pluie! / Oh, le vent!.../ La Toussaint, la Noël et la Nouvelle Année! / Oh, dans les bruines, toutes mes cheminées!.../ D'usines...*», el cual nos lleva a *La canción de amor* de J. Alfred Prufrock, ese poema casi juvenil de Eliot que comienza así: «*Let us go then, you and I, / When the evening is spread out against the sky / Like a patient etherized upon a table; / Let us go, through certain half-deserted streets / The muttering retretas / Of restless nights in one-night cheap Hotels / And sawdust restaurants with oyster-shells: / Streets that follow like a tedious argument / Of insidious intent / To lead you to an overwhelming question.../ Oh, do not ask, «What is it?» / Let us go and make our visit*». Mientras abandonamos la biblioteca, recordamos la fuerte impresión que le habían causado al angloamericano los versos del francés en 1910, cuando viajó a París a asistir a las conferencias de Bergson, donde visitó a Charles Maurras, que le influyó como crítico, y compró los libros de Laforgue. Mientras abandonamos la biblioteca recordamos que Maurras consideraba que Europa había caído en una decadencia similar a la del Imperio Romano, algo que impresionó al joven Eliot (22 años) y le encaminó a forjar su idea de un mundo en ruinas, que habría de cantar en *The waste land*, no en vano, un año después, 1911, compondría su *Love song of J. Alfred Prufrock*, que fue su bautismo de poeta, donde está literariamente Laforgue: en sus monólogos coloquiales, alusiones culturales, ironía ridiculizante, verso libre y gusto por la yuxtaposición de imágenes, aparte del tema y punto de vista. El resto es historia. «Vamos entonces, tú y yo, / cuando el atardecer se extiende contra el cielo / como un paciente anestesiado sobre una mesa», dice Eliot, «Vamos, por ciertas calles medio abandonadas, / los mascullantes retiros / de noches inquietas en hoteles baratos de una noche / y restaurantes con serrín y conchas de ostras: / calles que siguen como una aburrida discusión / con intención insidiosa / de llevarnos a una pregunta abrumadora... / Más no preguntes: «¿Qué es eso? / Vamos a hacer nuestra visita». Mientras abandonamos la biblioteca de la leyenda, nos decimos que Eliot visitaba los libros del francés, aunque eso no le quita grandeza, pues lo reconoce; Eliot cantó su tiempo, pero también supo adivinar el que venía como vemos en *Los hombres huecos*: «Somos los hombres huecos, / somos los hombres rellenos / apoyados unos en otros, / la cabeza llena de paja. ¡Pobres! / Nuestras voces secas, cuando / murmuramos juntos, / son suaves y sin sentido / como el viento sobre el pasto seco / o como las patas de las ratas sobre un vidrio roto». Mientras abandonamos la biblioteca de la leyenda, el fantasma de uno de los poetas más brillantes del siglo XX nos recuerda que los libros de los grandes son revistas sin cuché donde poder ver el mundo que nos ha tocado, aunque, perdón, se ha atascado la cerradura de la biblioteca y se ha quedado abierta. Vengan de día si lo desean pues por la noche hay fantasmas.

MUSEO DE RETRATOS ORALES

*«…Todo ojo que me mira, / me multiplica
y dispersa…»..*

Alfonsina Storni

El paraíso tiene un extraño museo de retratos, pintados por artistas que nunca cogieron un pincel; un museo oral, fruto de auténticos alcahuetes, esto es, «mensajeros» según El collar de la paloma de Ibn Hazm, o «corredores de oreja» según Cervantes. El paraíso tiene las imágenes de los grandes de las letras, vistos por otros grandes no solo de la pluma, sino también del cotilleo.

A. D´Ors, los Álvarez Quintero, Maragall, Gómez de la Serna y Echegaray

¿Será verdad lo que decía John Keats, cuando aseguraba que «no hay nada menos poético que un poeta»? ¿Será que los escritores son unos grandes cotillas? ¿Será verdad el dicho aquel de que todo escritor es un criticón, es decir, un chismoso? He aquí, para demostrarlo, este museo de retratos de un lugar inexistente donde podemos observar a un puñado de escritores hoy inexistentes, posando ante el pincel oral de otros tantos escritores que los conocieron. He aquí a un puñado de hombres buenos, bobos o fantasiosos, pero al fin y al cabo personas, no solo famas. He aquí a Eugenio D´Ors, los Hermanos Álvarez Quintero, Joan Maragall, Ramón Gómez de la Serna y José Echegaray. He aquí a cinco, que son seis (por hermanos), creadores que nos hacen dejar de ser creedores y descubrir que fueron como cualquiera de nosotros e incluso peores. He aquí cómo pinta, chismorrea en realidad, Manuel Azaña a José Echegaray: «Era don José menudo de cuerpo, arrugadito, de cráneo picudo enteramente calvo. Se retorcía sin dar paz a la mano su perilla a lo Napoleón III, mientras hablaba con nervio y finura, arrellanado en su butaca cerca de la lumbre, pues era muy friolero, los modales corteses, el ánimo frío, la inteligencia despierta y ágil, la palabra puntual y fluida», otro Fouché, en suma, añadimos. Y de esta manera ve Josep Plá a Joan Maragall: «Fue un hombre totalmente desprovisto de envidia; su tolerancia era total, su bondad no tenía límites. Era rico, pero estoy seguro que, de no haberlo sido, hubiese sido un anarquista idealista y contemplativo», en conclusión un santo que, si llega a nacer más tarde, acaba de alcalde de Barcelona como el nieto. Y así dibuja, alcahuetea más bien, Eduardo Zamacois de los Hermanos Quintero: «Eran reflexivos, callados, ligeramente tristes. Físicamente no se parecían. Serafín, dos años mayor, era el más robusto y comunicativo. Joaquín hablaba poco. Sin embargo, sus almas parecían continuarse como si fueran gemelas», dos clones cachondones, podemos decir. Aunque es nuestro retratista-cotilla Juan Ramón Jiménez, quien se lleva la palma al retratar a Ramón Gómez de la Serna: «Es un hombre ancho, plano, saludable, excesivo, con sonrisa de jamono, alegre de conciencia y con patillas azules de pastoso rizo goyesco. De pie, parece un defensa de un *team* de fútbol afeminado. En esa posición, es un hombre gris y anodino. Sentado es otra cosa», el copón, añadimos nosotros. Finalmente, así plasma Josep Pla a Eugenio D'Ors: «Es un hombre de pose sibilina, serpenteante y afectado. Tiene la preocupación constante de ser tomado por un hombre excepcional. Aspira constantemente a subrayarse y habla con voz cursiva. Y no podría pedir un par de huevos con una naturalidad mínima». Con lo buenos que están con patatas, corrijo. Menudo pitiminí.

B. Ortega, Benavente, Pérez de Ayala, Menéndez Pelayo y Juan Ramón

Sí, fueron muchos los escritores retratados en el fotomatón oral de sus colegas, limpia, irónica o vergonzosamente mientras hacían fila para entrar en el Parnaso. Muchos, por ello este museo es tan visitado en el Reino de las Musas. He aquí a Ortega y Gasset, Jacinto Benavente, Ramón Pérez de Ayala, Marcelino Menéndez Pelayo y Juan Ramón Jiménez, soñando con que se invente el *fotoshop* para que no veamos cómo eran; he aquí a cinco divertidos, insoportables y hasta maniáticos hombres de letras, vistos y no vistos, pero desde luego retratados. Así pinta, comadrea acaso, su sobrina nieta Carmen Hernández-Pinzón, al chinche, genial y misántropo Juan Ramón Jiménez: «Quien llevaba el coche en casa era Zenobia, su mujer, pero cuando pasaban cerca de un guardia en Puerto Rico —donde estaban exilados, aclaramos—, todos se apartaban, no se sabe si por educación o por miedo a que los atropellara», un peligro, vamos, pero las caricaturas no se quedan ahí, ya que de esta manera dibuja Ramón Gómez de la Serna a Jacinto Benavente: «Ingenioso, sagaz, tesonero, con un pasito corto y seguido. Ha sido independiente siempre y se mantiene tal en los momentos de gran peligro. Está dotado de una especial supervivencia que debe a lo magro que es, a lo chiquitín y a que le es fácil escaparse como un pececillo a las manipulaciones de la muerte», es decir, de acabar a la brasa. El tercero en pasar por el estudio del pintor, es Ramón Pérez de Ayala, retratado por el ojo cauto de Antonio Machado: «Es de rostro enjuto y el ademán resoluto, el gesto petulante, un sí es no es, de mayorazgo en corte, de Bachelor en Oxford o estudiante de Salamanca, señoril en el porte», como para darle un parraque si no lleva abrillantados los zapatos, vamos. El siguiente es José Ortega y Gasset, coloreado por nuestro plumilla Josep Pla: «Era un hombre bajito, uno de esos hombres que parece que tienen que llevar unos tacones una pizca más altos que lo corriente. La frente la tenía alta y vasta, prominente, los ojos matizados, de una movilidad sorprendente», un tipo vertebrado, en suma, aunque con bastante mala leche, no en vano escribió: «Salvador de Madariaga es tonto en cinco idiomas». Y, para concluir, de esta forma aduló, perdón, vio, Rubén Darío al estudioso de la literatura, pero también inquisidor, don Marcelino Menéndez Pelayo: «Es difícil encontrar persona más sencilla, dueño de tanto valor positivo, viva antítesis del pedante, archivo de amabilidades, pronto para dar un aliento, para ofrecer un estímulo», todo un chiste. Quién nos lo iba a decir de Rubén.

C. A. Machado, Baroja, Unamuno, Rubén y Valle-Inclán

No acaba aquí la labor de nuestros pintores literarios, pues los autores que leemos solían ser feos, gordos, pelmas e incluso valientes. He aquí a un puñado de amigos del sombrero, por ejemplo, cinco escritores de la Generación del 98 y el Modernismo, que se cubrían la cabeza, mientras España se derrumbaba con la pérdida de Cuba y Filipinas, pues tal vez temían que les cayera un cascote; cinco luchadores que, a su modo, intentaron mejorarla: Antonio Machado, Pío Baroja, Miguel de Unamuno, Rubén Darío y Ramón María del Valle-Inclán. Así pintarrajea Gómez de la Serna a Valle-Inclán: «Se sentaba de través, como defendiendo con el hombro el brazo sano; miraba con mucha valentía a todos, pero de soslayo, y se veía que le pesaban los pensamientos», no nos importaría parecernos a él, nos decimos, aunque abran paso a Baroja, pues de esta manera lo pinta el mexicano Alfonso Reyes: «De naturaleza más bien bronca, Baroja era honrado, independiente, sobrio y sincero hasta la impertinencia. No puede quererse a España sin querer a Baroja», un hombre sin pelos en la lengua en una época en la que había que llevarla con permanente. No nos extraña que la tuna cante «¡Pío, papío, papá, / pararí, rurá!». Pero veamos cómo pincela María Zambrano a Miguel de Unamuno: «Su presencia era avasalladora. Todo en él no era cuerpo y alma, sino espíritu y presencia. No medía el tiempo. No tenía compás. Podía estar horas y horas sin dejar de hablar. Eso sí, mientras tanto, fascinaba o se hacía insoportable», el perfecto coñazo, en conclusión, aunque también el coñazo perfecto, pues don Miguel era brillante y bragado, pero pasemos al siguiente cuadro, pues de esta manera pintarrajea Rafael Canssinos Assens a Antonio Machado: «Es serio, ensimismado, descuidado en su atuendo, con manchas de ceniza en su traje viejo y raído; es también grave, silencioso, arrastrando los pasos como una cadena», esto es, el padre de todos los hombres honrados, nos decimos. Finalmente, así ve Alejandro Sawa a Rubén Darío: «¡Qué melancólica visión la de Rubén Darío, este joven pálido, viudo de todos los amores, que hace de su casa una Trapa, permaneciendo en ella largas temporadas sin salir, que prefiere la luz del gas a la gloria del sol, y el cine de los mostradores venenosos al ancho panorama de los campos!» Nada que decir, pues Sawa, según Valle-Inclán: «Tuvo el fin de un rey de tragedia: murió loco, ciego y furioso», en suma, como Dios manda a los artistas.

D. Pereda, Palacio Valdés, Valera, Blasco Ibáñez y Verdaguer

Siguiendo con el *pathecolor*, veamos los lienzos de José María de Pereda, Armando Palacio Valdés, Juan Valera, Vicente Blasco Ibáñez y Jacinto Verdaguer, que pintaron sus colegas; veamos un puñado de estampas coloreadas a mano por nuestros pintorzuelos, a veces geniales, otras ridículos; ojeemos los perfiles de escritores cuyos escritos no siempre se corresponden con su naturaleza. Así pintarrajea, en primer lugar, Benito Pérez Galdós a José María de Pereda: «Pereda tenía sus ideas y yo las mías. En verdad, ni él era tan clerical como alguien cree, ni yo tan furibundo librepensador. Él, con sus creencias. Yo, con mis opiniones. No pocas veces, llevado yo de mi natural conciliador, cedía. Pereda no cedía nunca. Pereda no duda. Yo, sí», o sea, la certeza y la duda frente a frente. Y así colorea Marcelino Menéndez Pelayo a Jacinto Verdaguer: «Ante un poeta como Jacinto Verdaguer, la crítica de pormenor enmudece. Solo nos queda aliento para leer, admirar y bendecir a Dios, que ha consentido que tal maravilla se escribiese en una lengua española y por un sacerdote modesto, católico y piadosísimo». Amén, hermano Marcelino, es lo que se nos ocurre, ya puedes sacar pan y vino; aunque mejor será ver cómo retrata Pío Baroja a Armando Palacio Valdés: «Era un hombre que aparentaba una cordialidad que no tenía. A mí me parecía que todas sus frases, por muy piadosas que fueran, sonaban a hueco», una maqueta de hombre, en conclusión, aunque, si pasamos al siguiente, veremos lo que piensa

Rubén Darío de Vicente Blasco Ibáñez, con su pincel oral: «Es fuerte, sencillo y enérgico como un buen árbol; lleva como la esencia de su tierra y, en su rostro, el atávico rayo morisco. Es el hombre natural de su país de flores y fierezas, de cantos y bizarrías, y su alma sincera y sana va por la vida con una libertad aquilina», esto es, un tipo al que tener por amigo. Finalmente, así dibuja Pío Baroja a Juan Valera: «De todos los escritores viejos del tiempo, el que tenía más prestigio era Juan Valera. Corpulento, con la cabeza correcta y el pelo blanco, vestido de negro daba la sensación de un gran señor. En su charla, alternaba la seriedad y el empaque aristocrático, con la malicia picaresca del andaluz de la calle», un auténtico Gatopardo, nos decimos, con permiso de Lampedusa.

E. Espronceda, Zorrilla, Hartzenbusch, Bécquer y Pardo Bazán

Demos unos pasos más, antes de salir del museo, y veamos el lienzo oral que pintó José Zorrilla de José de Espronceda: «Su cabeza rebosaba carácter y originalidad. Su cara pálida estaba coronada por una cabellera negra, rizada y sedosa; sus cejas negras, finas y rectas, doselaban sus ojos límpidos e inquietos; el perfil de su nariz no era muy correcto; su mirada era franca, y su risa, pronta y frecuente, no rompía jamás en descompuesta carcajada», casi un ídolo del rock, en conclusión, aunque veamos otro, pero del pasodoble, porque así chismorrea Rubén Darío de José Zorrilla: «Tenía un gran lobanillo o protuberancia a un lado de la cabeza; su indumentaria era modesta, pero los ojos le relampagueaban en un espíritu genial. Cuando le conocí me sentí conmovido. Era don José Zorrilla», ni que fuera el Manolo Caracol de la literatura dramática, nos decimos, aunque aquí está el retrato que hace nuestro becario Manuel Tamayo y Baus a Juan Eugenio de Hartzenbusch: «Era de pequeño cuerpo y semblante expresivo; humilde en su porte; de costumbres sencillas; dócil y sosegado, más por hábito que por temperamento. Nunca tomó parte en política, pero constantemente profesó ideas liberales», casi un personaje de Woody Allen, pensamos. Y así comadrea Julio Nombela de Gustavo Adolfo Bécquer: «Su alma robusta vivía aprisionada en un cuerpo endeble, enfermizo. Hacía una vida tranquila, escribía cuando su salud se lo permitía y salía poco de casa. Nunca le vi reír; sonreír, siempre, hasta cuando sufría.

Tampoco le vi llorar», un héroe civil a quien admirar, aparte de turista de Aragón *avant la lettre*. Finalmente, este es el retrato que hace Alberto Insúa de Emilia Pardo Bazán: «Eraególatra en alto grado. Nadie se atrevía a contradecirla. Sabido es que nunca fue guapa. Tenía una cara corta, unos ojillos de miope, y el busto y los brazos demasiado opulentos. Recibía en su despacho, un aposento interior con escribanía de plata, carpeta de cordobán historiada y libros de consulta muy bien ordenados», en conclusión, una tirana. Y es que la estulticia y la inteligencia, la sonrisa y el ridículo, pululan en el museo oral. Es que la vida agitada y la muerte burlada se mueven gozosas por los rincones de la leyenda.

F. Dickens, Tolstoi, Kerouac, Poe, Joyce, Shakespeare

Mas no se asombre el lector, pues algo parecido ocurre en la sala internacional del Parnaso, donde Oscar Wilde se burla de Dickens pintándolo de esta manera: «Habría que tener el corazón tan duro como una piedra para no llorar cuando se lee la muerte de la pequeña Neil, aunque en mi caso lloro pero de risa», algo que ha acabado en duelo a metáfora limpia en el Parnaso. Por su parte Jeffrey H. Archer cotillea de esta manera de León Tolstoi: «*Guerra y paz* me pone enfermo, pero solo porque no lo escribí yo», pura envidia sana, lo cual le hace merecedor de ofrecerle las *Obras Completas* de Corín Tellado para que las firme. No piensa igual Truman Capote cuando se atreve a caricaturizar así al autor de *On the road*, Jack Kerouac: «Eso no es escribir, eso es mecanografiar», todo un palo en el teclado, aunque igual se lo lleva él de la mano de Gore Vidal, cuando lo retrata de esta manera: «Truman Capote ha hecho del mentir un arte, pero menor». Por su parte el genial pero a menudo petulante T. S. Eliot pinta así a Edgar Allan Poe: «Tiene el intelecto de una persona con talento, sí, pero antes de la pubertad», o sea, se cubre de gloria él mismo, pese a haber escrito *Criticar al crítico*, haciendo verdad el dicho inglés de «*The shoemaker's son always goes barefoot*», más o menos equivalente a nuestro «En casa del herrero, cuchillo de palo». Asimismo William B. Yeats chismorrea de James Joyce, sombreándolo así: «En toda mi vida he visto a nadie con un talento tan mínimo y una vanidad tan enorme», algo que no nos atrevemos a discutir pues el *Ulisses* es tan audaz como tostón y, a veces, dan ganas de que nos aturdan las sirenas de su *Episodio 11*. Finalmente, esto es lo que opina George Bernard Shaw del bardo inglés por excelencia William Shakespeare cuando lo retrata: «No hay un escritor eminente, ni siquiera Sir Walter Scott, que desprecie tanto como yo a Shakespeare, sobre todo cuando mido mi inteligencia con la suya», con lo cual se gana el título de Pig Malón, más que *Pigmalion*, o sea, Malvado cerdo. En fin, que los chismes y camanduleros están en todos los barrios y lugares, incluso los museos, no en vano el «Monstruo de la naturaleza» Félix Lope de Vega dijo en el siglo XVII: «De poetas, no digo: buen siglo es este. Muchos en ciernes para el año que viene, pero ninguno hay tan malo como Cervantes, ni tan necio que alabe a *Don Quijote*». Menudo ojo. Como el de Isabel Allende cuando declara: «Escribir es para mí como hacer ganchillo». Ya se nota: un curso de corte y confección debería hacer.

BLABLABLÁ POÉTICO DEL LUGAR

«...¿Palabras? Sí, de aire, / y en el aire perdidas. /
Déjame que me pierda entre palabras, / déjame ser el
aire en unos labios, / un soplo vagabundo sin
contornos / que el aire desvanece...».

Octavio Paz

«Ser poeta no es una ambición mía; es mi manera de estar solo», escribió Fernando Pessoa. Pero, ¿qué se piensa sobre la poesía en el paraíso? ¿Acaso, que es la prueba escrita de la decadencia de la civilización? ¿Tal vez que los poetas son solo diletantes que practican el desahogo sentimental, los juegos dialécticos o las pajas mentales? ¿Qué se piensa, sí? El paraíso esconde un café a cielo abierto donde apetece pedir una taza y escuchar.

1. El poema perfecto

No existe. Un poema es una estructura lingüística donde significante, significado y signo se funden al servicio de una idea, emoción o sentimiento; sin embargo, es difícil mantener en todos y cada uno de los versos la excelencia, algo que solo se consigue en raros casos. Muy pocos son los poetas que se han acercado, menos aún los que lo han conseguido. Yo citaría algunas estrofas de Stéphane Mallarmé (*«Ses purs ongles très haut dédiant leur onyx, / L'Angoisse, ce minuit, soutient, lampadophore, / Maint rêve vespéral brûlé par le Phénix / Que ne recueille pas de cinéraire amphore»*); algunas estrofas de Samuel Taylor Coleridge (*«In Xanadu did Kubla Khan / A stately pleasure-dome decree: / Where Alph, the sacred river, ran / Through caverns measureless to man / Down to a sunless sea»*); y otras de Luis de Góngora («Purpúreas rosas sobre Galatea / la Alba entre lilios cándidos deshoja: / duda el Amor cuál más su color sea, / o púrpura nevada, o nieve roja»), aparte de algunas otra. El poeta es un fauno que persigue a una ninfa esquiva.

2. Los poetas piratas

Existen y no van en barcos, pues la literatura es un océano donde no pocos repiten lo que han dicho otros; una biblioteca donde la desmemoria, pero también la incultura, juega a favor de los piratas. En este siglo XXI, por ejemplo, más de un autor hace su carrera imitando a Valente o a Whitman. Normalmente, el lector no se percata, pero para eso están los críticos. Lo irónico es que media historia de la literatura es un juego de pícaros, algo que incluso los grandes han hecho. Garcilaso de la Vega, por ejemplo, no duda en imitar *Las metamorfosis* de Ovidio en estos versos: «Con tanta mansedumbre el cristalino / Tajo en aquella parte caminaba / que pudieran los ojos el camino/ determinar apenas que llevaba», algo que el poeta latino había cantado milenio y medio antes con: «*Invenio sine vortice aquas, sine murmure euntes, / perspicuas imo, per quas numerabilis alte/ calculus omnis erat; quas tu vix ire putares*». No fue la única vez. Sus famosos versos: «En el silencio solo se escuchaba / un susurro de abejas que sonaba», tienen su origen en estos de las *Bucólicas* de Virgilio: «*Hinc tibi quae semper uicino ab limite saepes / Hyblaeis apibus florem depasta salicti / saepe leui somnum suadebit inire susurro*». No es el único gran poeta que lo hace, pues el cáustico Quevedo imitó descaradamente a Petrarca: «Aire abrazo, agua aprieto, aplico arenas», imprimió el español, mientras que el italiano: «*Solco onde, e´n rena fondo e scrivo in vento*» en su *Canzionere*, un juego bimembre de contrarios y dualidades casi calcado, algo que se hace literal en versos como: «Atrás se queda, Lisi, el sexto año / de mi suspiro: yo (para escarmiento / de los que van a venir) paso adelante», versos de Quevedo que Petrarca había cantado mucho antes así: «*Rimansi addietro il sestodecim´anno / de´miei sospiri; ed io traspasso innanzi*». No fue la única vez, volvemos a decir, pues sus versos: «Diez años de mi vida se ha llevado / en veloz fuga y sorda el sol ardiente, / después que en tus ojos vi el Oriente, / Lisida en hermosura duplicado. /*/* Hoy cumple amor en mis ardientes venas/ veintidós años, Lisi. / Veintidós años ha que estas cadenas / el corazón idolatra, padece», son una imitación de aquellos que Petrarca escribió tres siglos antes: «*Dicessett´anni ha già rivolto il cielo / poi che´n prima arsi e giammai non mi spensi... / L´ardente nodo ov´io fui d´ora in ora / contando anni veintuno interi presso. / Tennemi Amor anni ventuno ardendo / lietto nel foco...*». Ocurre parecido con Federico García Lorca, que nos trae aquel momento en que los gallos cantan de madrugada del *Cantar del Cid* (hacia el 1200), esa aurora fría y solitaria de la llanura castellana que Pere Abbat canta así: «*Apriessa cantan los gallos e quieren crebar albores*», la cual resuena en los versos del *Romance de la pena negra* de Lorca: «Las piquetas de los gallos / cavan buscando la aurora...». No hay aquí copia, es evidente, pero sí ecos. Es la madrugada, cuando se resquebraja la bóveda de la noche y el cuerpo se reencuentra con el espíritu Es la voz de Lorca recuperando la del juglar que, como diría Borges, tal vez sea él mismo. Algo parecido ocurre entre Jorge Manrique y Andrés Fernández de Andrada. Manrique (1440-1479) escribe: «Nuestras vidas son los ríos / que van a dar en la mar, / que es el morir». El poeta y capitán sevillano Andrada (1575-1648) reescribe: «Como los ríos que en veloz corrida / se llevan a la mar, / tal soy llevado / al último suspiro de mi vida».

No importa. Unos y otros son buenos. Lo malo es cuando la piratería disfraza la mediocridad del ladronzuelo, es decir, poetastro. Y es que la literatura es un océano de barcos cargados de oro y asaltados por bucaneros; la crítica literaria, las fragatas de la justicia.

3. Los límites de la poesía

No están fijados, pues en su *Epístola ad pisones* Horacio escribió: «*Ut pictura poesís*» («Como la pintura, así es la poesía»). Y Víctor Hugo, hablando de las musas, dijo: «*Nous sommes frères; la fleur / par deux arts peut être faite. / Le poète est ciseleur, / le ciseleur est poète*» («Somos hermanos, la flor / por dos artes puede ser hecha. / El poeta es escultor, / el escultor es poeta»); algo que Rimbaud lleva tan lejos que identifica las vocales con colores, en pura sinestesia: «*A noir, E blanc, I rouge, U vert, O bleu : voyelles...*»; y René Ghil en su *Traité du verbe* llega a asociar las consonantes con sonidos e instrumentos (la P, R y S, por ejemplo, corresponden a los saxos) y adjudicarles efectos psicológicos, según cómo se combinan (las anteriores consonantes con una letra roja como la O —para Ghil, la O era de este color, no azul pues para él la i era azul; la O, roja y la U, amarilla, manteniendo la A y la E con el mismo color que Rimbaud—) que evocan ideas de dominación y gloria… En literatura es bueno leer a los autores que buscan romper los límites. Siempre que no sean charlatanes, claro. Ya Rafael Alberti decía que: «Para hacer arte abstracto, primero tienes que demostrar que has superado el figurativo». Tenía razón. Apollinaire y sus *Caligramas*, Giorgio de Chirico con *Hebdómeros*, Juan José Tablada con *Li-Po*, Vicente Huidobro con *Altazor*, son otros poetas que se atrevieron. Es la cristalización de lo que Ezra Pound llamó Phanopeia, o «Proyección de las imágenes de un texto sobre la imaginación». Es poesía distinta, experimental, iconoclasta; poesía que rompe los límites de la realidad. Por el contrario, Octavio Paz llamaba «enjauladores del tiempo» a quienes sin necesitar de lo visual como Stephane Mallarmé, César Vallejo y T. S. Eliot, lo consiguen en la poesía. James Joyce (*Ulisses*), Julio Cortázar (*Rayuela*) o Javier Marías (*Negra espalda del tiempo*) son otros ejemplos pero en la novela. Todos caminan sobre una cuerda floja que pende sobre el ridículo.

4. El oficio de poeta

No consiste solo en escribir, sino en releer y corregir. En eso además de en tirar a la papelera horas, días e incluso años. La escritura es talento, pero sobre todo oficio, una dura cantera donde las ideas y palabras deben saltar como esquirlas a los ojos. En la poesía cada palabra adquiere peso y debe ser revisada en balanza de joyero; cada evocación, connotación y contextualización deben estar medidas. Jaime Gil de Biedma era maestro en ello. Sus poemas aparentemente sencillos son el resultado de meditadísimas reflexiones. Es por eso que el oficio de poeta raramente existe. El noventa y nueve por ciento de la poesía que se escribe hoy no es poesía. Son desahogos sentimentales y juegos dialécticos. El poeta es una araña que urde una tela en la que pretende capturar la emoción o belleza, el pensamiento o el compromiso. Depende de la época. En eso hemos pensado al oír una canción de Brian Eno titulada *La araña y yo*. Dice así: «La araña y yo nos sentamos mirando el cielo / en un mundo sin sonido, / tejemos una red para atrapar una pequeña mosca / para nuestro mundo sin sonido, / dormimos por las mañanas, / soñamos con un barco que navega / a miles de kilómetros». El oficio de poeta es un trabajo de araña.

5. Poetas y novelistas

Pues algunos poetas se pasan a la novela, pero ¿para qué urdir tramas que van a leer unos pocos cientos de lectores, a veces miles? ¿Para qué estudiar caracteres, relaciones y ámbitos, a costa de ignorar el que les rodea? ¿Qué les mueve a pasar noches, meses, años incluso, suspendiendo la realidad para internarse en otra realidad soñada? Algunos poetas juegan, con distinta suerte, a hacedores de mundos, paisajes y vidas. Sus primeras novelas son inevitablemente autobiográficas; en la segunda, se sueltan de la mano de los recuerdos, por lo que al lector con criterio le sigue rondando la pregunta: ¿para qué escriben novelas? ¿Por dinero? ¿Por vanidad pues son más leídas que la poesía? ¿Por afán de vencer a la muerte? ¿Entonces? Es cuando el lector y crítico encuentra la respuesta. El poeta es ese niño grande que sigue jugando a vaqueros e indios, ahora sobre el papel, pero ansiando que dure el juego. Es ese nuevo Adán que muerde la manzana de la novela, pues quiere ser como Dios: hacer el mundo y cambiarlo a su gusto. Es un niño viejo que modela la vida como no se atrevía a hacer en la escuela. Es escritura haciendo escritura, no en vano escribió Octavio Paz: «Soy hombre: duro poco / y es enorme la noche. / Pero miro hacia arriba: / las estrellas escriben. / Sin entender comprendo: / también soy escritura / y en este mismo instante / alguien me deletrea».

6. Breviario poético del ligue

El ligue es a veces poesía, si es a la manera de hace quinientos años pues algunos poetas como don Íñigo López de Mendoza nos mostraron diferentes formas. El Marqués de Santillana (1399-1458) era un poco pendón: se le iban los ojos detrás de cualquier mujer. La manera de abordarlas, que cuenta en sus *Serranillas*, es un divertido tratado: «Dios vos mantenga / serrana de buen *donayre*», le dice a la primera en el Moncayo en lo que parecen los albores del piropo. Con la segunda es más audaz: «Dios te salve, hermana, / aunque vengas d'Aragón, / desta serás castellana», fantasea amagando un secuestro galante. A la tercera le asciende en la escala social: «Loçana, / ¿E soys vos villana?», cual revista cuché del medievo. Con la cuarta, que encuentra cantando, se pone a su disposición: «Serrana, estando / oyendo, yo non m'excuso / de façer lo que mandares», a la vez que le nombra abuela de María Callas. A la quinta le avisa de que hay moros en la costa, poniéndose en plan Gary Cooper. Con la sexta se hace el tonto con el clásico: «¿Yo a ti te conozco?», aunque así: «Donosa / (por saber quién era) / ¿dónde es la vaquera / de la Finojosa?», dice aunque sabe que es ella. Finalmente, con la novena, por no seguir, le promete que será Miss Castilla: «*Señora, / (le dixe) en verdat / la vuestra beldat / saldrá desd'agora / dentre estos alcores / pues merece fama / de grandes loores*». En fin, que la poesía nos ilumina incluso para buscar pareja. Mejor así que por vía informática. Sobra decir que este breve tratado sirve también para las damas que deseen tirarle los tejos a los bigardos.

7. ¿Influyen las letras en el poema?

Eso se pregunta uno, y no hablamos de los caligramas, la aliteración, ni cualquier figura retórica, pues ya Rimbaud le atribuyó a las vocales cualidades y colores, abundando en la teoría de las «Correspondencias» de Charles Baudelaire, que decía que hay una relación entre las letras y lo que evocan, no porque exista en la realidad, sino porque las lenguas europeas la han convenido entre significantes y significados de forma que ciertas letras son frecuentes en ciertas familias semánticas. Hablamos de las letras en sí. Pongamos el ejemplo de la N. ¿Por qué la idea de negación va unida a menudo a esta letra? NO en inglés se dice NOT, en francés NON, en bosnio NE, en croata NE, en esloveno NO, en húngaro NINCS, en alemán NEIN, en ruso NIET, en letón NE, en polaco NIE, en rumano NU, en armenio... ¿Por qué el rechazo se expresa usando la letra N en tantas lenguas? Me dirán que la raíz indoeuropea de nuestras lenguas adjudicó al sonido N una cualidad de rechazo. Me dirán también que, en sus orígenes, la letra semítica Nun era la imagen de una serpiente, animal que se rechaza siempre. Yo vuelvo a la pregunta del título y respondo que es algo a tener en cuenta cuando se escribe, aunque quizás solo sea una especulación. ¿No? La interrogación anula la negativa. ¿Sí? No, que es puro cortisol.

8. Poetas y literatos

Pues hace unos años, hablando con el director de teatro y actor Luis Felipe Alegre, me dijo algo que me desconcertó. Hablábamos de un joven poeta al que yo señalaba como voz prometedora. Él me dijo: «No estoy de acuerdo. Poeta, lo que se dice poeta, no es. Lo era. Ahora, se ha convertido en literato». ¿Literato?, me dije. ¿Por qué literato? Así que cuando volví a casa comencé a darle vueltas al asunto. ¿Literato? ¿Qué es un literato en este siglo XXI? Fue cuando empecé a pensar en tantos escritores empapados de libros, tantos profesores para quienes la literatura es como el fútbol para los hinchas: una religión. Suelen ser gente admirable, culta, apasionada; gente que lee incansable y lleva la literatura en las venas; gente que, sin embargo, no sabe reprimir su entusiasmo y trufa de ecos, interlineados, paráfrasis y citas sus libros. Son, en fin, escritores para escritores, poetas para poetas, novelistas para intelectuales, autores a quienes su pasión por la literatura satura, cual colesterol, sus escritos. Son escritores a quienes apetece leer, que nos enriquecen, que viven los libros de otros, pero que no cuentan el mundo, no descubren lo que hay detrás, no crean nada nuevo. Solo abundan en lo que ya sabemos, regalándonos el juego placentero del reconocimiento, descubrir lo que no sospechábamos pero nos apetecía saber. A mí me recuerdan a los autores de novela histórica, que conocen el pasado profundamente y deslumbran a sus lectores con recreaciones. Me recuerdan pues no son creadores auténticos. Los escritores que van a prevalecer son aquellos que, con buen pulso, se saben despojar de sus maestros, lecturas y teorías; saben contar e interpretar el mundo; hacernos vivirlo sin parecerse a nadie. El hecho de que usen una u otra técnica, da lo mismo. Solo así se mueve la literatura, al fin y al cabo la escritura es una suerte de nudismo donde es necesario quedarse en cueros ante el papel, que ya dijo Joan Margarit: «Caerán los años. Te cansarán los libros. / Descenderás aún más / e, incluso, perderás la poesía. / El ruido de ciudad en los cristales / acabará por ser tu única música, / y las cartas de amor que habrás guardado / serán tu última literatura».

9. Rap de los poetas raros

Porque hay poetas así: Julián Ríos, Francisco Ferrer Lerín y Antonio Beneyto, junto a jóvenes como Sergio Mayor son buenos ejemplos pero no los únicos, pues si José Ángel Valente abrió caminos, Ada Salas y Pilar Martín Gila siguen persiguiendo lo inaudito. *El escorpión amigo de la sombra*, editado por Antón Jodrá, es una muestra de la poesía de Valente. Pertenece al libro *El inocente*, y está ilustrado con imágenes de Luis Buñuel, en cuya Vía láctea se inspiró. Valente (1929-2000) buscaba un nuevo lenguaje, una voz distinta, una poesía como un bisturí que desvelara la falacia de la existencia. Comienza así: «El escorpión amigo de la sombra suele / horadar las entrañas de la tierra, / mientras tú provisto de una lupa feroz y sobria / analizas los tristes fundamentos, / piedra capitular y mierda melancólica, / de la ciudad de Roma y de su imperio», lo cual no nos hace exclamar ¡Ave César!, sino soñar con los leones. El segundo libro se titula *Limbo* y es obra de Ada Salas (1965). Es un poemario que causa vértigo. Con versos cortos. Encabalgamientos muy medidos. Poemas con filo. Un libro para leer con prevención. No sé si es autodestructivo, pero es absenta literaria. Golpea el paladar. Busca lo intransmisible. Se sumerge en sí mismo: «Podría describir lo que / se desmorona. / El proceso. / La pausa. / Una lepra tranquila comiéndose los bordes / de las cosas / la pérdida / de la cartografía del / contorno», dice para caer como una bomba en el atolón humano. El tercer libro se titula *Ordet*. Como en el caso del de Valente, Pilar Martín Gila (1962) ha buscado el referente del cine, en este caso de la película *La Palabra*, de Dreyer, para después abolirlo, regurgitarlo y crear una obra distinta. Se trata de un libro marciano. Medular. Con un fondo conceptual que se diluye. Como un viaje por un sueño, ese de una historia oída a la que la poeta convierte en otra. He aquí el poema *El canto de Inger*: «No es tan dulce el cielo / como la mano del hombre / que ya no me esperaba. / El hinojo amarillo / al pie de la piedra, / los cinco pétalos encendidos / de los jardines. / No era tan dulce... / como el borde de la mañana». Es poesía más allá de la poesía, algo como lo que encontró Rubén Darío en su busca y semblanza de poetas extraños —casi todos franceses— a la que tituló *Los raros*, un libro donde estaban Verlaine, Lautremont, Leconte de Lisle, Leon Bloy, Ibsen o Edgar Allan Poe, junto a trece más; una obra donde hurgó en la rareza y la contraoficialidad, pues eligió como denominador el riesgo expresivo, pero también el desafío a los cánones. Y es que todavía quedan flores raras.

10. La familia del poeta

Tiene un papel importante. Ningún poeta le avisa que quiere serlo al comenzar. O muy pocos, que es lo mismo. Sabe que tiene garantizada la desaprobación, pues el sentido común dicta que va a pasar estrecheces. Incluso no recibe la consideración de escritor, sino de escribidor. Naturalmente, el poeta intenta compaginar su escritura con un oficio alimenticio como, por ejemplo, periodista, profesor u oficinista, pues conoce el precio de la bohemia; sin embargo, la familia no se queda tranquila. Entiende que quiere ser distinto, que desea comprender la vida para cantarla; que pretende robar el fuego a los dioses. La vida hay que vivirla, piensa la familia, no detenerse a elucubrar y cantarle versitos. Mientras tanto, el poeta publica el primer libro. Es cuando la familia confirma que escribir poesía no produce dinero. A ver si ahora se queda tranquilo, piensa. Ignora que el poeta enhebra lo que ve por el ojo de la sensibilidad; camina observando las gentes y sus actos. Entretanto, va pasando el tiempo y la familia empieza a desaparecer; se va sin saber que el oficio de escribir, como lo llamó Cesare Pavese, esconde en la escritura el premio. Entretanto la familia calla, pero no otorga. Ignora que escribir es respirar para el poeta. Que rechazar su escritura es taparle la nariz. Que si tirara la pluma, se asfixiaría. Que junto a la vista, el oído, el olfato, el gusto y el tacto, escribir es su sentido para aprehender el mundo.

UN PARAÍSO CON MUCHOS
JACKS THE RIPPER

«…Mi arco está tenso. / Mi arco está listo. / Soy la bala y el garfio. / Estoy armada y preparada / desde mi mira, lo tallo / como un escultor. Moldeo / su última mirada a todos…».

Anne Sexton

«La desobediencia es la virtud original del hombre. Mediante la desobediencia y la rebelión, se ha realizado el progreso», escribió Oscar Wilde, por ello la búsqueda del paraíso tal vez pase por la desobediencia al camino que nos traza la sociedad, pues rebelarse es, a menudo, revelarse.

Desobediencia, sí, pero a la autocomplacencia, a sí mismo y a lo que se espera, eso que el poeta, emborrachado por su ego, emociones, imaginación, recuerdos y anhelos, se obliga a escribir. Desobediencia a sí mismo, pues la mayoría de los buenos poetas ha tenido la inteligencia de buscar a alguien al que dar a leer los escritos, alguien que no dude en amputarlos, alguien que desobedezca las palabras de su autor.

Desobediencia, como podemos ver en Samuel Taylor Coleridge y William Wordsworth, iniciadores en Gran Bretaña del Romanticismo, pues ambos colaboraron en la escritura de las *Lyrical Ballads,* esto es, *Baladas líricas,* y se revisaron y corrigieron los poemas con toda franqueza, incorporando el «habla de la clase media y baja en la poesía», o sea, coloquial, anunciando así la modernidad. O como podemos ver en el caso del adolescente Arthur Rimbaud y el fauno Verlaine, ya famoso cuando leyó con asombro *Las primeras comuniones* y *El barco ebrio* de Rimbaud. Entonces, ambos comenzaron una relación sentimental, pero también compositiva que cambiaría el Simbolismo y la historia de la literatura; una relación en la que Verlaine corregía a menudo los versos de Rimbaud. O en el caso de Robert Browning y Elizabeth Barrett Browning, que pese a estar consagrados, no confiaban en su propio criterio y se revisaban y corregían los borradores, como se ha comprobado en su correspondencia amorosa. O como podemos ver en el caso de W. H. Auden y Christopher Isherwood, quien a pesar de ser novelista, matizaba y criticaba la poesía de Auden. O en el caso de Sylvia Plath y Ted Hugues, esposos y colegas, sacudiéndose la badana mutuamente. O en el caso de Rainer María Rilke y Lou Andreas-Salome, *femme fatale*, psicoanalista y escritora, que ejercía de mentora de Rilke y le ofrecía comentarios críticos, mientras le ayudaba a refinar su estilo. O como podemos ver en el caso de Federico García Lorca y José Bergamín, aunque aquí no intervino el afán de corrección tanto como el devenir histórico, cuando el primero le entregó al segundo el manuscrito de 96 páginas de *Poeta en Nueva York*, lleno de tachones, que Bergamín acicaló y modificó, aunque manteniéndose fiel al dictamen de su amigo, todo lo contrario a cuando Lorca le entregaba sus poemas a Dalí para que los criticara en los comienzos... O, para concluir, como podemos ver en el caso de la transformación del manuscrito poético más famoso del siglo XX, cuando Thomas Stearn Eliot le pidió a Ezra Pound que le corrigiera el borrador de *The waste land*, esto es, *La tierra baldía*, el poema más influyente de la contemporaneidad. Eliot le envió el manuscrito a Pound desde París, tras trabajar en él entre 1920 y 1922, y por su parte Pound le realizó una intensa poda, aligerando el poema severamente. Después, Eliot lo publicó en la revista The Criterion, que él mismo dirigía, y más tarde en The Dial, regalándole el manuscrito al abogado John Quinn con las correcciones de Pound. Caballerosamente, más tarde Eliot le dedicó el manuscrito a Pound con la frase de «*il miglior fabro del parlar materno*», o sea, «el mejor artesano del habla materna», tomada del verso 117 del Canto XXVI del *Purgatorio* de la *Divina Comedia*, donde Dante se refiere a Arnaut Daniel, trovador provenzal de los siglos XII y XIII, muy imitado por Petrarca. Es cuando debemos detenernos en la palabra elegida: «fabro», que significa artesano, pero qué es un artesano sino alguien que trabaja la madera o el hierro, alguien que manipula, corta o talla la materia, pues trabaja con materia ya creada, no un artista, esto es, que no crea sino que pule, afina y mejora, algo que no podemos cotejar pues, a día de hoy, el manuscrito original de Eliot ha desaparecido, así que no podemos saber hasta qué punto lo cambió, aunque parece ser que mucho, ya que buscaba crear *«a broken bundle of mirrors»*, *«a heap of broken images»*, o sea, «un montón de espejos rotos, un manojo de imágenes rotas», cantar la desintegración de la tradición cultural del siglo XX tras The Big War o Primera Guerra Mundial.

Hemos dejado para el final a los autores que desobedecieron a la historia de la literatura, pues no escribieron sus obras, como es el caso del mismísimo William Shakespeare, que tal vez no fue enteramente el autor de todos sus libros, sino que tuvo la ayuda parcial o total de Francis Bacon, Cristopher Marlowe o Edward de Vere (candidato mejor posicionado) en algunas de ellas, algo seguro en varias que fueron corregidas por John Donne, o John Fletcher quien muy posiblemente intervino en la escritura de *Enrique VIII*; o como es el caso del ubérrimo Lope de Vega, que parece demostrado que varias de sus 1500 comedias, tuvieron como autor no precisamente a su ingenio, sino a negros literarios como Andrés de Claramonte, que escribió para él *El burlador de Sevilla,* entre otras; o como es el caso de Alejandro Dumas, que parece ser que tenía un «negro» llamado Auguste Maquet que le escribía las tramas que luego Dumas embellecía, cual ocurrió con *El conde de Montecristo* y *Los tres mosqueteros*; o como es el caso de Gregorio Martínez Sierra, cuyos libros fueron mayormente escritos por su esposa María de la O Lejárrega, auténtica «negra» literaria…

El hecho es que muchos de los grandes, medianos y pequeños han querido buscar un destripador de manuscritos; un Jack the Ripper papelero, y es que «Mediante la desobediencia y la rebelión, se ha realizado el progreso», escribió Oscar Wilde, algo de lo que puedo dar fe yo que he ejercido de negro y corrector de periodistas, novelistas e incluso copleros.

FLOTANDO EN EL RÍO
Y ALEJÁNDOSE

«…No vas tú por el río: / es el río el que anda /
detrás de ti, buscando en ti / el reflejo, mirándose en
tu espalda. // Si vas de prisa, el río se apresura. / Si
vas despacio, el río se remansa…».

Ángel González

La metáfora de la vida como río viene de Heráclito y es aplicable a la poesía, que suele cantar y contar el curso del pasado y el presente, siempre en continuo movimiento. La metáfora de la literatura como río nos muestra a poetas que se acercan a coger agua y darle de beber al lector; escritores a los que, muy posiblemente, se acabará llevando la corriente, pero cuya obra merece ser algo más que un mensaje lanzado en una botella; poetas de comportamiento suicida, pues navegan en aguas con rápidos y remolinos; escritores que se sientan en la ribera, donde los remansos ofrecen paisajes serenos, arriesgándose a pasar desapercibidos; poetas que bucean y buscan lo que esconde el fondo del río hasta mimetizarse, y escritores que fingen no saber que el río también ahoga.

La metáfora de la vida como río se fija también en el horizonte adonde el agua se pierde. Ahí, es posible el naufragio, pues a menudo el río deja de ser navegable y lo que quita la sed, también nos puede matar, cantan algunos, mientras que otros aceptan sin miedo el ahogamiento y previenen el mar, y otros deciden abolir el río, cantando: «El tiempo es mentira, el agua también. No estamos nadando, ni siquiera hay río. Somos una simulación». La metáfora de la vida, identificada con un río, ofrece al lector de poesía una analogía de la literatura.

La metáfora de la literatura como río es también una equivalencia de este tercer milenio, donde rumorosos pasajes se confunden con la basura que incansablemente vierte la sociedad, especialmente en los mares, ríos y redes sociales. Ahí, es posible leer a locos, soñadores y nostálgicos, o sea, los de siempre, garrapateando con horrible sintaxis, esa cualidad del alma según imprimió Paul Valéry, que les descubre como eruditos a la violeta, que es normalmente cardo borriquero, algo muy diferente a los que publican en papel donde los violadores de la lírica disminuyen un poco, solo un poco, pues el filtro del editor, el estipendio a abonar a la editorial y el escrutinio no instantáneo que ofrecía el ordenador, les ahuyenta. Ahí, descubrimos a iconoclastas que acaban remitiendo a agitadores de las letras y folladores, cual Villo Argumánez y sus versos en zigzag, esto es, esproncedas de nuevo cuño; perfeccionistas que acaban remitiendo a Fray Luis de León y Pedro Salinas, cual el eurítmico Eloy Sánchez Rosillo; menores que merecen ser mayores, cual Javier Olalde; heterodoxos e insumisos, cual Juan Cobos Wilkins y su poesía vulnerable y lucidísima; juiciosos e incluso demasiado sensatos, cual Enrique Gracia Trinidad; acariciadores del futuro que ya es hoy, cual Ricardo Díez Pellejero, trasunto de Laforgue; o poetas en prosa que pueden acabar en el mismísimo manicomio, cual Mariano Gistaín, Holderlin actual. Y es que la poesía del primer cuarto del siglo XXI aspira a ser la poesía de siempre, pero está en estado agónico, disculpa, lector, el dramatismo, pues su democratización, es decir, el todo vale y todo es publicable, la amenaza.

La metáfora del río de escritores camino del mar, que a menudo es pantano de aguas fétidas, nos avisa que se va secando el cauce y faltan poetas serios, mientras sobran cagasentencias de Facebook, Instagram o X, antiguamente Twitter. La metáfora del río de letras nos avisa que estamos en un bus a punto de estrellarse en medio del carril de aceleración de la historia; estamos en el fin de la verdadera literatura, así que rebuscar en el fondo del río, escuchar a Argumánez, Rosillo, Olalde, Wilkins, Trinidad, Pellejero y Gistaín, es gritar: «¡Ahoy!», desear viento largo y mar de popa a sus barcos; escuchar sus voces no suficientemente oídas y abrir al lector y al curioso rutas nuevas hacia la Tierra de las Especias de la lírica verdadera.

He aquí, para demostrarlo, lo que canta Argumánez en *¿Poema inacabado?*: «Hace treinta minutos que me estoy esperando en el mismo infierno. / Como el viento en la noche, / soy impuntual pues como siempre no llego. / Allí estoy, con poca esperanza, / a punto de arder en mi pasado. / La juventud, / mi juventud, / me mira desde ti y me flagela. / No hay razón para sentirse orgulloso, / tampoco es una herida insoslayable. / Vive una mujer en mi silencio, / nos vemos de infiernos cada sábado, / los lunes toca literatura. // Hace frío en la locura llena del último vagón. / Continúo / sin echar de menos el tiempo / abonado a tus labios / —esos que paseas los veranos en bicicleta—. / De mis ojos a tus labios / hay un trecho indescifrable para la ciencia. / Unas noches te llego, / unos días no te alcanzo. / Más tristes mis versos que una evocación de Cirlot, / un día antes de echar de menos a Susan Lenox. // Hace treinta minutos que giro en círculo carroñero / sin moral ni ética (no me extraña.) / Como siempre, / no llego. / Entreno lo que siempre hice mientras sufría. / ¿Dónde está aquel placer del sufrimiento? / El mundo se convierte en la sombra de una cuerda / sin viento que la meza. / ¿Hay algo más triste? // Hace treinta minutos que me espero, / esta vez, / ya, / de otra manera, / sin esperanza». Como vemos, versos desquiciados, llenos de furia y belleza; una voz que le convierte en sobrino putativo de Arthur Rimbaud; un Nietzsche lírico que filosofa y compone «a martillazos».

Veamos, por contra, un ejemplo de las templadas estrofas de Sánchez Rosillo: «Siendo tan solo lo que soy, un hombre, / y no el viento nocturno, / y estando aquí, tan para siempre lejos, / acudo —no sé cómo— ciertas noches de luna, / igual que el viento, buen hermano suyo, / hasta donde se alza la vieja acacia aquella, / es decir, a mi infancia. Y allí sigue, / esbelta, misteriosa y solitaria, / en abandono triste, irremediable, / perdida en el inmenso silencio de los campos / junto al deshabitado caserón...». Como se puede ver, la antítesis de los versos de Argumánez, unas líneas que pertenecen al poema *Como el viento en la noche* y que son un prodigio de serenidad y armonía; la prueba de la coexistencia de las voces antagónicas en el coro átono y desafinado del siglo XXI; un poeta elegíaco, hondo y a un paso de convertirse en clásico.

Y descubramos también al ágil nadador de la lírica que es Javier Olalde, con su poema *Sin superchería*, un disidente que bracea y canta: «No pienses / que escribo versos para invocar / los fascinantes matices / y abismales arcanos de la existencia / o de la rosa, / ni para demostrar que soy magnífico. / Escribo versos porque soy poeta. / Y esto es todo. / Pero si fuese buzo / también te abrazaría en la arboleda / entre los remolinos de las hojas de otoño / y, al llegar el verano, / te besaría a la sombra de las tupidas ramas. / Y mi pasión sería inquebrantable. / Asimismo, al ser buzo / te podría regalar bellos corales estrellados / y monedas antiguas rescatadas / o una herrumbrosa brújula apuntando a tus senos / Creo que ganarías con el cambio», versos magníficos de un poeta helanódico, una especie de Milón de Crotona, aquel atleta legendario, reencarnado en bardo; un buen poeta que hay que seguir.

O pasemos a los versos heridos de *Para no sí crecer* de Juan Cobos Wilkins: «Fingir, fingir, es esa la única y no hay

/ otra fórmula mágica para evitar que fluya / sucio el cauce del río. // Disimular, hacer como que no / vemos ni escuchamos / la fuente de la eterna utopía / que mana con la música de la flauta de un dios. // Igual que un hijo o un futuro / poeta, fingir. Fingir / que solo a ti te amas. / Fingir que solo a ti te amas. / Y como de un paraguas, olvidársete», versos sinceros y conmovedores de un poeta puro y brillante que funde la levedad con el testimonio —da la impresión de que su poesía es terapia de un dolor secreto— . en aras de la supervivencia en esta vertiginosa existencia.

Nada que ver con Enrique Gracia Trinidad, como se puede ver en *Razón de escribir*: «Escribir para un tiempo / en el que no estaremos para nadie, / y en el más favorable de los casos / seremos una máscara de polvo, / maquillando los libros de alguna estantería. / Escribir para un siglo, si es que llega, / menos oscuro y torpe que este siglo. / Dejar impresa la memoria: / papel, disquetes, vidrio, cerámica esmaltada, / ámbar, cuarzo o moléculas de gas. / Hacer que las palabras naveguen al futuro / como si fuesen barcos de papel / que sobrevivan hoy a su naufragio. / Escribir por si alguien, algún día, / tiene un dolor de corazón idéntico /o sufre una alegría semejante», sin duda un excelente poema de un autor que desconcierta por su uso del sentido común en una época donde no es común pensar con sentido; un poeta que maneja con maestría todo tipo de temas y estrofas.

O escuchemos la adelantada voz de Ricardo Díez Pellejero en *Una muchacha rodeada de espigas*: «Todo, todo sucederá. / Lo posible está escrito / y lo que está escrito, / de algún modo, conspira con el ser. / Habitaremos Marte, / contemplaremos el milagro / de arrancar un jardín a una piedra. / Pero ahora, / mientras mengua el Edén, / miro la ribera desde mi ventana / y contemplo en este instante / el amanecer que la inunda de tonalidades, / desafiando a un universo en blanco y negro / y podría llorar, / podría ser un afluente que irrigara vida. / No lo hago. No lo permite mi escafandra. / Soy ya el primer desterrado en Marte / y desde aquí sueño y escribo, / llenos mis ojos de Fobos y Deimos, / sus oscuras lunas irregulares, / mientras revivo el recuerdo / de una muchacha rodeada de espigas», versos soberbios de un poeta que canta al futuro, constituyéndose él mismo en futuro de la poesía, pues tiene una de las voces más valientes de la poesía de hoy; una voz donde, como Marinetti, Cortázar, Casariego (Pedro) o Vicente Luis Mora, funde la ciencia y la lírica con talento.

Y para concluir, he aquí la poesía en prosa de *Diario de ida y tal vez de vuelta* del rarísimo Mariano Gistain, un escritor inclasificable e iconoclasta, un perro verde y rara avis de la poesía híbrida: «Me gustaría morirme o encontrar trabajo. Este diario cuenta cómo conseguí las dos cosas. A causa de este doble éxito ya no soy yo: soy un algoritmo de mí mismo. 1. Fui a la unidad de suicidios asistidos, una experiencia piloto de la sanidad pública. Para prestar el servicio se exigía no tener deudas con la Administración, lo que provocaba largas colas y amargas decepciones. En la sala de espera, muy concurrida, entablé conversación con un comercial en paro que me ofreció un empleo. El comercial había ido a apuntarse al programa y, al mismo tiempo, intentaba ganarse una comisión contactando posibles candidatos para un puesto de trabajo. Suena raro, pero así lo consigné en este diario. Buscamos a una persona que sea feliz y que quiera morir, dijo el comercial. Me ha definido con precisión, dije sin vacilar. Lo acompañé a las oficinas de la empresa y no lo volví a ver. Me sometieron a unas sesiones de test y a unas cuantas entrevistas.

En definitiva, querían a alguien que hubiera disfrutado de una vida feliz, alguien que no estuviera amargado ni resentido y que quisiera morir. Las causas para desear el tránsito podían ser las previsibles: súbita enfermedad, desamor, problemas económicos, fallecimiento de seres queridos, lecturas poco apropiadas... Querían asegurarse de que la causa para desear la muerte no hubiera empañado una vida satisfactoria. Sabían que era un requisito difícil de cumplir. Les dije que sentía amargura, odio y asco, pero que si me tocara la lotería esos síntomas se disiparían en una milésima. Y les garanticé que tales sentimientos no contaminaban una vida de ensueño. 2. Me aceptaron, firmamos. Ahora, soy mis diarios. Me avergüenzo de ellos, abomino de haber sido así, de haberlos escrito así, pero son lo único que me queda. El programa se ha cumplido. Se trataba de demostrar una hipótesis: acceder a morir con unos aditamentos —ingeniería genética, nanomateriales, lo habitual— y enviar información, si tal cosa era posible. Los emolumentos, como indica la palabra, eran cuantiosos, así que firmé sin leer las prolijas cláusulas y los detalles técnicos, que además exigían confidencialidad. Si no podía contarlo para qué leerlo. (CONTINÚA.)».

Sí, «Continúa» escribió el autor; «Continúa» hemos escrito tras el texto incompleto del marciano Mariano Gistaín, quizás el más innovador de los poetas que escriben en prosa hoy; un iconoclasta que rompe moldes y que duda de la realidad y de la propia literatura; una voz escéptica consigo misma que se niega a alzarse y hacerse oír; un genio secreto; el tapado de *kyawthuita* de la literatura que se hace hoy; «Continúa»..., pero ¿continuará existiendo la poesía escrita como la conocemos? Nos tememos que no, es decir, que el bueno de Bécquer se equivocó cuando escribió que no se ha «agotado de asuntos el tesoro», pues la lira anda desafinada y caduca en medio del estruendo de cacharritos y medios, que quieren ser universales, de este siglo. Nada extraño en estos comienzos del XXI, donde campa el reguetón, el trap, la poesía urgente y las tecnochorradas, que han habituado el oído a letras y tonadas cuya gracia está en repetir «¡Culo, culo, culo!», por eso sugiero al lector que visite a los siete autores citados, antes de que la edad los convierta en fantasmas.

En fin, que si el largo poema de Cervantes *Viaje del Parnaso* era, según él mismo, una «epopeya burlesca de las ilusiones y vanidades del hombre», donde se ironizaba con una batalla entre los buenos y malos poetas que persiguen ese ilusorio lugar llamado Parnaso, esta *Leyenda del lugar inexistente* ha querido glosar los buenos e ironizar los falsos prestigios, las cualidades extraliterarias que han aupado al digno nombre de poeta a escribientes que apenas si son copleros, a la vez que apoyar a la literatura de ayer y hoy que es merecedora de consideración, por más que algunos de los que la escriben sean casi desconocidos; airear que vivimos en una época donde triunfa la poesía macarrónica, esa que en palabras de Cervantes es:

«...*Falsa, ansiosa, torpe y vieja,
amiga de sonaja y morteruelo,
que ni tabaco ni taberna deja.
No se alza dos ni aun un coto del suelo,
grande amiga de bodas y bautismos,
larga de manos, corta de cerebelo...*».

Versos que valen para este siglo XXI, si se sustituye «vieja» por «modelna», y «bodas y bautismos» por «performances y recitales poéticos» donde los carcamales muestran las sartas de versos que les escriben a sus sobrinitas; el rentista, afín a las coplas de domingo, financia su aspiración a la inmortalidad, apoquinando la edición de sus bodrios; el politicastro busca la dignidad que le quita el ejercicio de la función pública, escribiendo versos grotescos, y todos persiguen y adulan a los periodistas, críticos y vates consagrados para que les dediquen unas educadas líneas de aprobación, incurriendo en el timo de la estampita al lector patidifuso y boquiabierto, que acaba en turulato, pues el Parnaso no existe y su búsqueda es un alcoholímetro de la vanidad. En conclusión, que gastando un poco de la escasa lucidez que la época nos permite, y apelando a Garcilaso de la Vega, podemos decir: «Mas ¿dónde me llevó la pluma mía?, / que a sátira me voy mi paso a paso, / y aquesta que os escribo es elegía». Larga vida a la poesía del turbulento río de la vida. Al agua, patos. A la cárcel del cachondeo los gansos.

EPÍLOGO

¿Qué te hicieron los míseros poetas,
¡oh, pintor de castañas y de nabos
que con tres arandeles y diez clavos
a la vulgar censura los sujetas?
¡Brava colgaste sarta de braguetas!
¡Bravos Apolos, Xenofontes bravos!
Gran tienda; pocas caras, muchos rabos,
Lope con pujo y Alarcón sin tetas.
¡Oh, monja alférez de color de pedo!
¿Quién te matriculó con la cuadrilla
de Góngora satán, Boreas Quevedo?
¡Oh, injusto desacierto, oh, gran mancilla!
Debiéndoles el Nuncio de Toledo
ponerlos en la cárcel de la villa.

Contra un tal Hortensio
Atribuido a Lope de Vega

AGRADECIMIENTOS

A Josefina Laborda Ferrer (*In memoriam*) por mostrarme que no hace falta ser madre ni esposa para ser la mujer que uno hubiera deseado como madre o esposa; Ovidio Gracia Abarca, por enseñarme lo que no se aprende en los libros; Luis Gracia Abarca y Pilar Mosteo Laborda, por su infinita dulzura; María Pilar, por ser mi queridísima hermana; Manuel Micheto Ruiz de Morales, Roberto del Val Tabernas y Alberto Núñez Sagredo, por ser mis compañeros de fatigas; Luz y Luis Gracia Gaspar, por hacerme feliz con su sola presencia; Jesús González García y Jesús Serrano Crespo de La Almunia, por ser mis grandes amigo de juventud; Carlos Manzanares de Gregorio (*In memoriam*), por su generosidad sin límite, y, sobre todo, a María Luz Gaspar Egea por su inquebrantable amor.

Esta primera edición de
La leyenda del lugar inexistente.
Postales y patrañas del Parnaso,
de José Luis Gracia Mosteo,
terminó de imprimirse en abril de dos mil veintiséis.